JN440245

어찌 바다와
계곡만을
피서지라 하랴!

어찌 바다와
계곡만을
피서지라 하랴!

초판 1쇄 인쇄일 2015년 6월 24일
초판 1쇄 발행일 2015년 6월 30일

지은이 이양훈
펴낸이 양옥매
디자인 최원용
교 정 조준경

펴낸곳 도서출판 책과나무
출판등록 제2012-000376
주소 서울특별시 마포구 월드컵북로 44길 37 천지빌딩 3층
대표전화 02.372.1537 **팩스** 02.372.1538
이메일 booknamu2007@naver.com
홈페이지 www.booknamu.com
ISBN 979-11-5776-058-9(03810)

이 도서의 국립중앙도서관 출판시도서목록(CIP)은 서지정보유통지원 시스템 홈페이지(http://seoji.nl.go.kr)와 국가자료공동목록시스템(http://www.nl.go.kr/kolisnet)에서 이용하실 수 있습니다.
(CIP제어번호 : CIP2015017183)

아주 아주 평범한 직장인의

답사여행 그리고 글쓰기

어찌 바다와 계곡만을 **피서지라 하랴!**

이양훈 지음

History and society and family story

서 문

조금 특이하다 생각할 수도 있겠지만, 나는 말보다 글이 더 편한 사람 중 하나이다. 그렇다고 작가들처럼 잘 쓴다는 이야기는 아니다. 무슨 이야기인고 하니, 얼굴을 마주하며 직접 대화를 하면 늘 쉽게 흥분하고 버벅거리기 일쑤라, 정작 말하고자 하는 바를 다 하지 못하는 경우가 많은 반면에, 문자를 대할 때면 왠지 차분해지고 생각이 잘 정리되면서 조목조목 하고 싶은 이야기를 다 할 수 있다. 그래서 말 보다는 글이 조금 더 편하다. 이런 성격에 어떻게 사람 대하는 영업을 20년 넘게 해 왔는지 나도 참 신기할 뿐이다.

평범하지 않는 취미라고 할 답사여행도 그렇다. 그것을 즐긴다고는 하지만 나는 역사를 전공한 것도, 관련된 학과를 다닌 것도 아니다. 그저 어렸을 적부터 역사를 좋아해 늘 관심을 갖고 있었을 뿐이다. 유적지를 쫓아 다니다가 무언가 색다른 느낌이 들 때면 잊어 먹지 않기 위해 간단하게라도 몇 자 끄적거리며 적어 놓고는 했을 뿐이다.

그렇게 20년 넘게 직장생활을 하면서 틈틈이 써 놓았던 글들이 있다. 처음부터 책을 내야겠다는 생각은 아니었지만 내 마음의 자식 같았는데 차츰 아무 의미도 없이 사장되어 버리는 것이 아쉬워 모아 봤더니 양이 꽤 되었다. 그 가운데 정치적으로 민감한 것, 특정인에게 상처를 줄 수도 있는 것 등을 빼고 나머지를 엮어 보니 책 한 권 분량이 되었다. 이 중에는 20여 년 묵은 것도 있어 요즘 상황과는 잘 맞지 않는 것도 있다. 그래도 나름대로는 당시의 심정을 잘 표현한 것이어서 그냥 놔 두기로 한 것이니 독자 여러분께서 너그럽게 이해해 주셨으면 좋겠다.

이 책은 그 어떤 대단한 논리적 주장을 담은 것도, 그렇다고 해서 전문적인 지식을 알리려는 것도 아니다. 그저 틈틈이 써 놓았던 것들을 묵히고 버리기 아까워 모아 봤을 뿐이다. 그러니 큰 부담없이 가볍게 읽을 수 있을 것 같다. "뭐 이런 걸 다 책으로 내냐?"는 질타가 있을 수도 있고, 일상 속에서 대부분의 사람들이 느껴 왔던 것들을 이번 기회를 통해 다시 한 번 확인할 수도 있을 것이다. 어느 쪽이든 독자 중 단 한 분만이라도 "뭐 이런 것도 다 책이 될 수 있구나!" 하는 자신감을 갖고 나처럼 도전할 수 있다면 세상에 나온 보람으로 삼겠다. 사람이 일생을 살면서 한 권의 책을 내놓을 수 있다는 것, 참으로 멋지지 않은가!

사랑하는 나의 아내 '우리 집, 그녀'에게 이 책을 바친다!

PART 01 답사여행

CONTENTS

PART 02 글쓰기

CONTENTS

PART 01

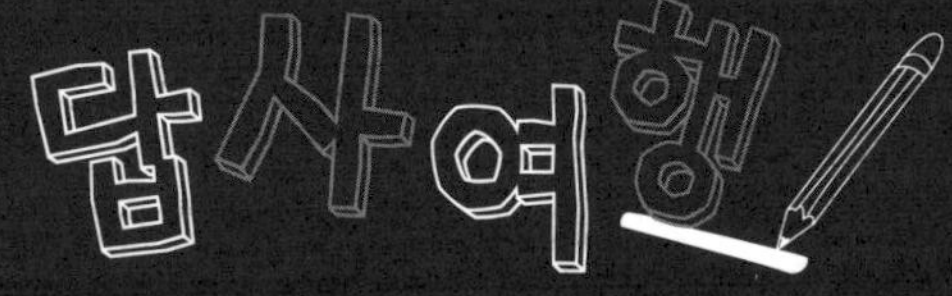

초안산 내시(內侍)
승극철의 묘에 제사 지내다

1천여 기의 떼무덤이 있는 초안산,
유적 보호 시급해

1천여 기의 떼무덤이 있는 초안산

서울 노원구 월계동과 도봉구 창동에 걸쳐 있는 초안산(楚安山)에는 약 1천여 기에 달하는 조선 시대의 무덤들이 밀집해 있다.

흔히 '내시묘'로 잘 알려진 이 무덤군에는 비단 내시들의 무덤뿐 아니라 단장이 잘된 이름 있는 문중의 선산도 있어 조선 시대의 공동묘지였음이 서서히 밝혀지고 있다. 더구나 1950년에 발발한 한국전쟁 때에는 국군이 이곳에 창동 저지선을 치고 북한군과 치열한 접전을 벌여 피아간에 많은 사상자가 발생, 현대에 와서도 죽음과 결코 무관하지 않은 기이한 인연을 보여 주고 있기도 하다. 이런 내력 때문일까? 이곳은 지난 2002년 3월 9일에 '초안산 조선시대 분묘군(楚安山朝鮮時代墳墓群)'이라는 이름으로 사적 제440호로 지정되었다.

초안산은 왜 조선 시대의 공동묘지가 되었을까?

이름에서부터 편안한 안식처를 정한다는 의미를 갖고 있는 초안산은 여러 근거들로 인해 이미 '공동묘지'의 운명이었던 듯하다. 그 내력을 좀 더듬어 보자.

조상 숭배 사상이 투철했던 조선은 그에 따라 매장 문화도 잘 발달했다. 그리고 무덤을 써도 꼭 집 근처에 두고 싶어 했다. 그러다 보니 나라에서는 도성 외곽 전부가 무덤숲이 되는 것을 걱정하지 않을 수 없었다. 이에 대한 대비로 경국대전에 이미 "한양성 십 리 이내와 인가에서 백 보 내에는 입장(入葬)하지 못한다."라는 제한 규정을 두고 있었다. 속대전에서는 이를 한층 더 강화시켜 형전(刑典) 금판(禁判)조에 "한양에서 십 리 이내에 입장(入葬)하는 자는 도원릉수목율(盜園陵樹木律)에 의하여 논죄한다."고 명시했다. 왕릉에서 나무와 풀을 무단으로 베어 가는 자는 중형을 받게 되어 있는데, 만일 한양성 십 리 이내에 매장을 하는 자가 있으면 그에 준하는 죄를 주겠다는 선포였다.

이제 무덤을 쓰려면 한양성 밖 10리를 벗어나야 했다. 한양성 밖 10리는 어디인가? 일본인들이 잘못 만든 계산법으로 흔히 10리라면 4㎞를 생각하기 쉬우나 정확한 우리 식의 거리 개념으로 10리는 약 4.7㎞라고 한다[1보: 21.79cm(1자의 길이)×6자=130.74cm, 1리: 130.74cm(1보의 길이)×360보=47,066cm(470m), 10리: 130.74cm×3600보=470,664cm(약 4.7km)].

더불어 한 가지를 더 고려해야 한다. 죽은 사람은 한양의 4대문으로는 나가지 못했다. 서울에서 시신이 밖으로 나갈 때는 반드시 광희문(光熙門)[수구문(水口門), 시구문(屍口門)]을 통해 나와야 했다. 그렇다면 광희문 밖 10리(4.7㎞)는 어디인가? 도봉산, 북한산 일대가 된다. 그러나 그곳은 바위산으로 산세가 험할뿐더러 서울을 지키는 진산이 되어 묏자리로는 적합하지 않다. 그래서 초안산이 적지가 된 것이다.

초안산은 마사토 지질로 배수가 잘되고 험하지 않은 야트막한 야산(해발 약 100m)이며 서울의 동북방에 자리잡고 있어 묏자리로는 그야말로 제격이다. 왼쪽에 중랑천, 오른쪽에는 우이천이 감싸고 있다.

초안산에 가장 큰 묘역을 갖고 있는 예안 이씨 문중에 따르면 "좌선궁(左仙宮) 지형으로 천록천마(天錄天馬)는 부귀의 임용(任用)이요, 재산(財産)이 우포좌궁(右抱左宮)하면 명당이 단정하고 장후(葬後)에 방(房)이 부귀 백여 년 한다."는 땅이라고 한다. 또, 한 풍수가는 도봉산 언저리에 자리 잡은 도봉구는 하늘의 중심이자 옥황상제가 거처한다는 자미원(紫微垣)의 기를 집중적으로 받는 명당이라고도 한다. 한마디로 말해 묏자리로 그만이라는 뜻이다. 사정이 이러하니 초안산에 묘를 쓰지 않는 것이 이상한 것이 되어 양반 사대부와 내시를 비롯하여 크고 작은 무덤들이 무려 1천3백여 기가 조성된 것이다.

초안산이 특별한 이유

그러나 조선 시대의 공동묘지라 해서 뭐 그리 특별할 것은 없다. 지금도 천지사방이 다 묏자리이다 보니 오히려 화장을 권장하는 시대가 아닌가! 눈만 돌리면 여기저기에 널려 있는 무덤들이 조금 옛날에 조성되어 모여 있다 해서 사람들의 특별한 관심을 끌 리는 만무하다. 그렇다면 어째서 초안산을 특별하다고 할까? 그것은 바로 통훈대부 내시 승극철의 묘가 그곳에 있기 때문이다.

일반적으로 내시(內侍)라 함은 거세되어 궁중에서 벼슬을 하는 남자를 뜻한다. 시인(寺人)·엄관(企官:奄人)·정신(淨身)·내수(內竪)·중관(中官)·혼시(㲯寺)·환시(宦寺)·환자(宦者)·황문(黃門) 등의 이름도 있다. 고려와는 달리 직접 정치에 참여할 수는 없었으며, 또한 자질 향상을 위하여 소학이나 삼강행실 등의 교육을 받고 매월 시험을 치르기도 했다. 일종의 전문직 종사자였던 것이다.

거기에 더해 내시는 궁궐에 상주해야 하는 까닭에 거세자만이 임명될 자격이 있었다. 남자라고는 지엄하신 왕이 있을 뿐이고 오직 여인들뿐인 궁궐에서 숙식하며 지내야 했으니 당시로서는 어쩔 수 없었던 듯도 하다. 내시는 선천적 거세자가 대부분이었으나 스스로 거세하여 임명된 자도 많았다. 왕과 가까이 있어 권력을 누릴 수 있었기 때문이다. 거세를 했으니 당연히 자식을 낳을 수 없었고 궁인의 신분이니 결혼 또한 할 수 없었을 것이다. 평생 그렇게 궁궐에서 살다가 쓸쓸히 죽어 나가는 것이 정해진 내시의 운명이었다. 그런데 그런 내시가 결혼을 해서 부인까지 두었다니!

통훈대부(通訓大夫) 내시(內侍) 승극철(承克哲)

그 의문을 풀어 줄 무덤 한 기가 초안산의 북쪽편 귀퉁이에 3백여 년의 세월을 견디며 조용히 자리하고 있다. 바로 통훈대부 내시 승극철과 그 부인의 것으로 추정되는 묘가 그것이다. 비문에는 이렇게 새겨져 있다.

"통훈대부행내시부상세승공극철양위지묘(通訓大夫行內侍府尙洗承公克哲兩位之墓)"

통훈대부(通訓大夫)란 조선시대 문산계의 하나로 당하관이 오를 수 있는 가장 높은 자리로 종3품이 한계였다. '행(行)'이라는 글자는 그 뒤에 나오는 '내시부 상세(內侍府尙洗)'라는 직책과 관련이 있다.

승극철 묘비

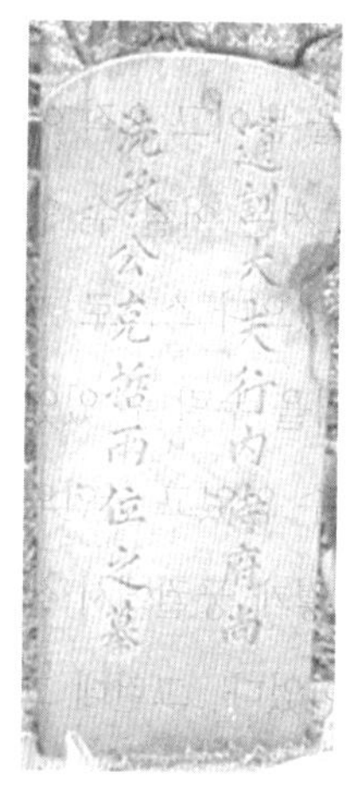

조선시대의 내시들은 품계와 직책을 가진 당당한 궁중의 전문직이었다. 종9품 상원에서부터 종2품 상선에 이르기까지 그들의 직제에는 상세한 직무가 정해져 있었다. '상세(尙洗)'란 내시부에서 정6품의 품계를 갖는 대전의 그릇 등을 담당하는 직책이었다. 종3품의 품계를 가진 이가 정6품의 하급관직을 지냈으니 '행(行)'이라는 글자를 쓴 것이다. 품계가 낮은 자가 상급의 관직을 갖게 되면 '수(守)'가 붙는다.

풀어 보면 내시부의 상세를 지낸 승극철의 묘라는 얘기인데, 그 바로 앞에 있는 '양위(兩位)'라는 글자가 바로 이 묘를 그토록 유명하게 하는 원인이 된다. '양위(兩位)'란 두 분을 모신다는 뜻이고 '양친 부모'등에서 보는 바와 같이 '부부'를 얘기하는 것이다. 이로써 조선 시대의 내시가 결혼을 한 것과 죽은 뒤 무덤까지 같이 조성했다는 놀라운 사실이 증명된다.

원래 이곳에는 승극철을 비롯한 내시들의 묘가 많이 있었다고 한다. 그러나 여러 이유들로 모두가 없어지고 지금은 오직 내시의 것임을 확인할 수 있는 것으로 승극철, 그의 묘 단 한 기만이 남아 있을 뿐이다.

초안산은 이런 역사적 사실을 간직한 채 오늘도 묵묵히 서 있다. 사적지로 지정만 되고 아무런 조사 활동이나 보호가 되지 않고 있는 초안산. 각종 체육 시설과 골프 연습장까지 들어서 망자들이 죽은 뒤까지도 편히 쉴 수 없게 되어 버린 초안산의 흩어진 넋들을 위해 지금이라도 좀 더 정확한 조사와 보호가 시급하다.

〈이 글은 2003년 9월, 참교육학부모회 동북부지회에서 실시하는 역사기행 프로그램 '노원의 뿌리를 찾아서'를 다녀와 강사이신 이윤숙 선생님의 강의와 자료를 토대로 재구성한 것입니다.〉

문화재 관람료 들쭉날쭉, **기준 없나**

문화재청에 대한
몇 가지 제안

저는 지난 2003년 6월, 4박 5일 동안 식구들과 함께 경주지역을 답사여행 한 사람입니다. 수학여행 이후 근 20여 년 만에 다시 보는 경주를 대단히 설레는 마음으로 둘러보았으며 기대한 만큼 많은 감동을 받았습니다. 물론 여행을 떠나기 전 나름대로 경주에 대한, 그리고 경주지역의 문화유적에 대한 공부도 게을리 하지 않았습니다.

천 년의 역사를 간직한 경주는 말 그대로 세계문화유산이기에 손색이 없었습니다. 가는 곳마다 신라인의 숨결이 닿지 않은 곳이 없었으며 보이는 것마다 세계적인 문화유적임을 느끼기에 충분했습니다. 역시 '경주'였습니다.

그럼에도 불구하고 조금 안타까운 부분들이 보여 몇 가지 제안을 하고자 합니다.

첫째, 관람료가 턱없이 비싸다는 것입니다.

문화재청이나 정부에서 관리하는 곳은 그나마 적당하다 싶다가도 사찰이 관계된 곳은 어김없이 관람료가 천정부지로 치솟는 것을 느꼈습니다. 관람료의 많은 부분이 정부가 아니라 사찰로 돌아간다는 얘기도 들었습니다. 문화재가 위치한 곳이 사유지이기 때문이기도 하겠지만 문제는 비싸도 너무 비싸다는 것에 있습니다.

불국사를 예로 들어 보겠습니다. 불국사는 관람료 3,000원(1인당)에 주차료 2,000원이고, 석굴암은 관람료 3,000원(1인당)에 주차료 2,000원입니다. 불국사와 석굴암만 돌아보려 해도 한 사람당 만 원이 들어갑니다. 불국사와 석굴암이 무척이나 훌륭하고 세계적인 문화유산이라 그럴까요?

참고로 첨성대의 관람료는 300원이고 감은사지는 아예 관람료가 없습니다. 첨성대나 감은사탑의 가치가 불국사와 석굴암보다 떨어진다고는 생각하지 않습니다. 모두가 아끼고 보존할 만한 가치가 있는 세계적인 문화유산이라고 생각합니다. 그렇다면 차이가 무엇일까요? 공교롭게도 불국사와 석굴암에는 사찰이 있고 첨성대와 감은사지에는 없습니다. 이 차이는 어느 곳이나 대동소이합니다.

탑 하나를 둘러보는데 분황사탑은 1,000원을 내야 하고 감은사탑은 공짜입니다. 저는 이 관람료의 차이를 인정하기가 대단히 어렵더군요. 사유지이기 때문에 조정이 어렵다는 말씀은 하지 않았으면 좋겠습니다. 사유지에서 관람료로 만 원씩 달라고 한다고 그대로 줘야 하는 건 아니지 않습니까? 아무리 사유지라 하더라도 상식적인 선에서, 이해가 가능한 선에서 관람료의 차이가 정해졌으면 합니다. 이는 정부가 해야 할 일이라고 생각합니다.

둘째, 사적지 보호정책의 차이에 대한 것입니다.

경주에 있는 왕릉이나 서울에 있는 왕릉이나 모두 똑같이 사적에 속하는 것으로 알고 있습니다. 따라서 같은 대접을 받아야 마땅하다고 생각합니다. 그런데 실상은 그렇지 않은 것 같습니다. 서울 근교에 있는 사적지 왕릉은 아예 능 주위에 보호목책을 둘러서 접근조차 어렵게 하고 있습니다. 문화재를 보호한다는 명분이겠으나 왕릉이 위치한 언덕의 잔디를 보기 위해 관람료를 내고 입장하는 것은 아닐 것이라 생각합니다.

그런데 경주에 있는 왕릉, 예를 들어 신문왕릉이나 괘릉 등은 같은 사적임에도 불구하고 자유롭게 만지고 둘러볼 수 있도록 하고 있습니다. 보호해야 한다면 오히려 1000년 전의 경주에 있는 왕릉을 보호해야지 기껏해야 500년 전의 왕릉만을 보호해야 한다는 것은 선뜻 이해가 되지 않습니다.

우리가 문화재를 아끼고 보호하며 예산을 들여 보존하려고 애쓰는 것은 그것을 통해 역사를 배우고 교훈을 얻고자 하는 목적이 있기 때문이라고 생각합니다. 무자정 보호만 하자는 것은 아니겠지요. 서울과 경주의 사적지 보호정책이 서로의 장점들을 취해 조금씩 보완했으면 하는 생각입니다.

서울의 경우, 왕릉 주위에서 석물들과 봉분까지도 볼 수 있도록 탐방길을 만들어 주었으면 합니다. 정해진 길을 따라 볼 수 있게 한다면 훼손되는 일도 그만큼 적어지겠지요. 훼손이 두려우니 무조건 막고 보자는 식의 정책은 국민의 동의를 얻기가 매우 어렵습니다. 지금과 같이 보호목책을 둘러 세우고 멀리서 왕릉이 있는 언덕의 잔디나 볼 수 있게 되어 있는 왕릉이라면 차라리 공개를 하지 않는 편이 더 낫겠다는 생각은 비단 저 혼자만의 것은 아닐 것입니다.

경주의 경우에는 사적의 보호에 대해 조금 더 힘을 기울여 주시기 바랍니다. 괘릉의 경우 문인석이나 무인석, 각 방위를 지키는 사자상 등이 모두 훌륭한 문화재임에도 불구하고 그대로 방치하는 것이 안타까웠습니다. 손이 닿지 않을 정도의 거리에 '보호목책'만이라도 세워 둔다면 문화재 감상을 충분히 하면서도 보호의 의미도 살릴 수 있지 않을까 하는 생각입니다.

박물관에서 무조건 사진촬영을 금지하는 것에 대해서도 한마디 하고자 합니다. 어느 곳의 박물관을 가도 '촬영금지!'라는 무시무시한 고압적 문구가 세워지지 않은 곳이 없습니다. 안내원에게 물어봐도 그저 금지되어 있다는 이야기뿐, 왜 촬영을 금지하고 있는지 제대로 설명해 주지 못합니다.

만일 사진촬영 시 나오는 플래시 불빛에 의해 값진 문화재가 훼손되기 때문이라면 플래시를 발광하지 않는 조건으로 촬영을 허용해도 될 것입니다. 또 사진촬영을 원한다면 약간의 요금을 더 받는 것이나 또는 안내원의 동행을 조건으로 촬영을 허락할 수도 있을 것입니다. 외국의 경우에는 이렇게 운영하는 것으로 알고 있습니다. 인력 문제 등 박물관 측의 사정으로 무조건 촬영을 금지하는 것에는 선뜻 동의가 되지 않습니다. 여기서 찍은 사진으로 많은 사람들이 보고 즐길 수 있다면 이 역시 박물관에서 바라는 바 아니겠습니까? "돈을 내고 들어온 사람만 보고 가라!", "국민들의 문화수준이 향상되는 것은 우리의 알 바가 아니다!"라는 것이 박물관의 입장이라고는 생각하지 않습니다.

셋째, 문화재 설명하시는 분들에 대한 얘기입니다.

저희 식구는 주로 평일날 답사를 했기 때문에 그분들을 볼 기회가 별로 없었고 토요일과 일요일에 두 번 만날 수 있었습니다. 설명을 들으면서 그분들이 대단히 훌륭한 자질과 지식을 갖고 있다는 것과 우리 문화재를 아끼는 마음이 누구보다도 투철하다는 인상을 강하게 받았습니다. 그럼에도 불구하고 그런 분들이 있는지조차 몰랐고, 또 모두 자원봉사하고 있다는 얘기에 안타까운 생각이 들었습니다.

아무리 훌륭한 문화유적이라 할지라도 그것이 갖는 의미를 제대로 알지 못한다면 유적을 감상하는 의미가 줄어들 것은 불을 보듯 뻔한 일입니다. 훌륭한 문화재에 애정이 깃든 정확한 설명이 함께 한다면 더 이상 바랄 것이 없겠지요. 그런 뜻에서 문화재 설명하시는 분들의 존재가 더욱 빛납니다. 정부에서 그분들에 대한 처우를 개선해 주셨으면 합니다.

유적지의 입구에 문화유산해설사가 존재한다는 것과, 그분들의 해설을 들으려면 약간의 돈을 더 내야 한다는 안내문 정도만 게시해 두어도 충분하지 않을까 하는 생각입니다. 원하는 사람들에 한해 입장료에 약간의 설명료를 추가한다면 무리가 없지 않을까 합니다. 물론 설명을 듣기 싫은 분들을 위한 입장권도 따로 준비해야겠지요. 이를 통해 우리 문화재를 아끼고 보존하려는 분들도 정당한 대우를 받고 탐방객들 또한 제대로 된 해설을 들을 기회를 주어야 한다는 생각입니다.

넷째, 기념품에 관한 얘기입니다.

애초에 경주지역을 둘러보면서 기념품을 몇 개 정도는 사겠다는 생각을 품고 있었습니다. 그러나 결론적으로 하나도 산 것이 없습니다. 사고 싶은 기념품이 없었기 때문입니다. 기념품 가게에 전시되어 있는 것들은 모두 마음에 들지 않았고 그나마 조금 마음에 든다 싶으면 턱없이 비쌌습니다. 그 지역을 둘러본 기념으로 부담스럽지 않게 살 수 있어야 기념품 아니겠습니까?

그런데 경주지역의 기념품은 모두 석가탑 아니면 다보탑, 그도 아

무령왕릉의 기념품 진묘수

니면 성덕대왕신종뿐이더군요. 그것도 대단히 조잡한 솜씨였습니다. 가격도 역시 만만치 않아 쉽게 손이 가지 않았습니다. 경주에 기념할 만한 것이 어디 다보탑과 석가탑뿐이겠습니까? 무궁무진한 기념품의 소재가 방치되고 있는 것 같아 역시 안타까운 마음을 금할 길이 없었습니다.

올해 초에 저는 공주의 무령왕릉을 답사할 기회가 있었습니다. 우연히 무령왕릉 입구에서 파는 기념품 몇 개를 사고는 대단히 흡족했습니다. 무령왕릉을 지키는 보호동물('진묘수'라고 하더군요)을 암수 한 개씩 기념품으로 만들어서 파는데 한 개에 2,000원이었습니다.

생각지도 않았지만 결국 네 개나 사고 말았습니다. 두 개는 선물로 주고 나머지 두 개는 지금도 여전히 저희 집에서 공주의 무령왕릉을 생각나게 하고 있습니다. 이처럼 가격도 적당하고 그 지역을 돌아본 추억이 될 만한 기념품의 제작을 위해 고민해 주실 것을 부탁드립니다.

한 예로 괘릉의 문·무인석과 사자상은 매우 훌륭한 소재가 되리라 생각합니다. 이들은 모두 능을 지키는 파수꾼의 역할을 합니다. 그러니 액운을 막아 준다는 상징적인 의미가 있어 기념품으로 더 없이 좋은 소재가 되겠지요.

문인석도 좋고 무인석도 좋겠지만 각 방위를 맡고 있는 사자상은 더디욱 좋을 것 같습니다. 네 개를 세트로 만들어 놓고 저렴한 가격(한 개에 2,000원씩 세트로 8,000원)에 판매한다면 사는 사람이나 파는 사람 모두에게 좋을 것 같습니다. 물론 문 · 무인석과 함께 6개를 세트로 묶어서 팔 수도 있겠지요. 경주지역을 다시 생각나게 할 수 있는 기념품의 제작을 위해 조금 더 노력해 주시기를 부탁드립니다.

부디 좋은 마음으로 경주를 여행했던 한 탐방객의 목소리가 정책에 반영되어 이후 경주를 찾는 이들의 마음을 조금이라도 더 흐뭇하게 할 수 있기를, 그리고 더 많은 발걸음으로 경주지역이 더욱더 활성화되기를 기원합니다.

괘릉의 사자상. 무언가 잘못을 저지르고는 겸연쩍은 듯 주인을 향해 뒤돌아 씩 웃으며 발로는 땅을 파고 있다. 괘릉의 사자상은 네 마리 모두 이렇게 표정과 자세가 다 다르고 재미있다.

부강한 조국을 꿈꾸었던
비운의 왕자

소현세자(昭顯世子)와
강빈(姜嬪)

역사학자 이덕일의 책 〈누가 왕을 죽였는가?〉에는 인조와 그의 큰 아들 소현세자, 그리고 부인 강빈에 관한 이야기가 나온다.

인조반정으로 왕위에 오른 인조는 얼마 지나지 않아 병자호란을 겪는다. 우리 역사상 몇 안 되는 치욕스런 항복의식(세 번 절하고 아홉 번 머리를 조아리는 삼궤구고두의 예)까지 치른 후 두 왕자(소현세자와 봉림대군)를 비롯한 많은 수의 관료들까지 포로로 보내야 했다.

이 과정에서부터 소현세자의 비범함이 나타난다. 울음바다가 된 환송 행사장에서 그는 신하들의 울음을 그치게 하고 환송 나온 사람들을 위로하고 다독인다. 이역만리 머나먼 적국에 포로가 되어 잡혀

가는 처지에서도 남아 있는 이들을 위로하고 다독이는 것은 아무나 할 수 있는 일이 아니다. 그러나 그의 진정한 역량은 비단 그것에 그치지 않는다.

전후 처리 문제로 조선과 청국 간에는 해결해야 할 수많은 난제들이 산적해 있었고 역학관계상 그것은 어디까지나 전승국으로서 칼자루를 쥐고 있는 청나라 마음대로였다. 조선은 청의 공물요구가 기둥뿌리까지 흔들리는 과도한 것이라 해도 패전국의 입장에서 들어주지 않을 수 없었던 것이다.

소현세자는 그 모든 문제들을 조선의 입장에서 원만하게 처리해 나갔다. 요즘으로 비유하자면 적국의 수도에 잡혀 온 포로의 신분이면서도 '특명대사'의 역할을 했던 것이다. 과도한 공물의 요구를 줄이고 포로들의 속환을 성사시켰으며 그 와중에도 왕자로서의 품위를 잃지 않았다.

조국의 어려움을 해결하기 위해 동분서주하는 그의 이런 모습을 보고 청국의 장수들도 존경의 마음을 갖지 않을 수 없었다. 이것은 나중의 일이지만 청나라의 사신으로 조선을 거쳐 간 수많은 청국 장수들은 꼭 소현세자의 묘를 참배했다고 한다.

청 황실에서도 항상 소현세자를 가까이 두고 싶어 했다. 사냥을 갈 때도 동행했으며 심지어 중원의 패권을 다투던 명나라와의 중요한 전투에도 소현세자를 대동했다고 한다. 그런 마음이었기에 당시로서는 최신 문물의 유통로였을 서양 선교사들을 소개하기도 했을 것이다. 이와 같이 급변하는 국제 정세를 온몸으로 체험하면서 소현세자는 많은 것을 직접 보고 듣고 느끼며 새로운 세상에 눈을 뜬다. 그리고 훗날 자신이 돌아가면 조선을 반드시 부국강병하게 만들겠다는 맹세를 한다.

마침내 소현세자에게 귀국의 기회가 왔다. 그러나 10년 동안의 포로생활을 마치고 청운의 꿈을 품고 돌아온 소현세자를 기다린 것은 아버지 인조의 의심과 냉대뿐이었다. "혹시라도 저놈이 나를 밀어내고 청나라의 힘을 빌어 국왕의 자리를 차지하려는 것은 아닌가?" 하는 불신으로 가득한 인조는 결국 소현세자를 독살하고 만다.

그의 죽음과 함께 실학자들보다도 훨씬 더 이전에 조선의 개화를 꿈꾸었으며 부국강병한 나라를 만들겠다던 소현세자의 꿈도 사라졌고 나라의 발전도 그만큼 늦어졌으며 결국에는 식민지로 까지 전락하고 만다. 그러나 그에 대한 아버지 인조의 박해는 그것으로 끝이 아니었다.

소현세자에게는 청나라에서까지 포로생활을 같이 했던 조강지처 강빈이 있었다. 강빈은 소현세자를 도와 조선과 청의 무역을 도맡았던 여장부이고 조선왕가의 여인으로는 유일하게 조선을 벗어난 사람이며 지아비와 그토록 꿈이 잘 맞았던 세자빈이었다.

그러나 아들마저 죽인 마당에 며느리를 그냥 둘 인조가 아니었다. 어떤 식으로든 죽여야 했기에 강빈의 시중을 들던 상궁나인들을 차례로 불렀고, 강빈이 소현세자를 독살했다는 자백을 강요하는 모진 고문이 이어졌다. 그러나 그들 중 거짓 자백을 하는 사람은 아무도 없었다. 죽음으로 강빈을 지킨 것이다. 그렇게 목숨을 잃은 상궁나인이 무려 오륙 명에 이르렀다 하니 평소 강빈의 인품이 어떠했는지를 잘 보여 주는 대목이다.

일이 여기에 이르자 인조는 이제 체면을 따지지 않고 직접 강빈의 사사를 명한다. 어디 그뿐인가! 자신의 친손자이기도 한 소현세자의 아들 둘 마저 죽이고 만다. 막내였던 경안군만이 홀로 살아 남았다.

왕세자이면서도 전쟁포로라는 받아들이기 힘든 현실. 그러나 그 속에서도 오직 약소국 조선을 부강한 나라로 만들겠다는 의지 하나로 버티며 노력해 온 소현세자와 그의 아내 강빈의 짓밟힌 꿈.

나는 서둘러 소현세자의 묘가 어디에 있는지 찾아 보았다. 그의 원대한 꿈이 무참히 짓밟혔던 것처럼 그가 어디에 묻혀 있는지를 알아내는 데에도 많은 시간이 걸렸다. 원당에 있는 서삼릉의 한쪽, 소경원에 그가 잠들어 있었다.

일반에게는 공개를 하지 않음을 알고도 나는 서삼릉으로 향했다. 소경원에 참배하고 소현세자의 넋을 위로하고 싶었기 때문이다. 그리고 그토록 금슬이 좋았음에도 불구하고 죽어서까지도 함께 하지 못하는 소현세자와 강빈, 그들 부부를 위해 무언가를 해 주고 싶었다.

관리사무소장을 찾아 사정을 이야기 했다. 나의 얘기를 다 들은 관리사무소장은 자신도 안타깝다면서 부탁을 들어주지 못하는 입장을 설명했다. 소경원은 사적지이기에 문화재청 소속이면서도 농협의 땅으로 사유지란다. 따라서 농협의 허락이 있어야 출입이 가능한데 지금은 구제역 때문에 모든 출입이 금지되어 있단다.

또 소경원의 바로 옆은 군부대가 있어 역시 출입하기 위해서는 군부대의 허락도 받아야 한단다. 방금 전에 모 대학의 교수도 학생들과 같이 와 소경원 답사를 요청했으나 그 또한 들어주지 못했다고 한다. 요즘 들어 왜 갑자기 소경원을 찾는 이들이 많은지 모르겠다는 말을 덧붙였다.

결국 목적했던 바를 이루지는 못했지만 관리사무소장과 나는 오랫동안 뜻깊은 대화를 나눌 수 있었다. 꼭 묘소에 가서 참배해야만 나의 뜻이 전달되겠는가? 돌아오는 자동차 안에서 나는 내내 소현세자와 강빈의 명복을 빌었고 그들의 죽음을 안타까워했다.

우리가 어떤 문화유적을 탐방하는 것은 과거로의 시간여행의 의미를 갖는다. 요즘의 시각으로만 그것을 보면 결코 많은 것을 볼 수 없다. 왕릉도 마찬가지이다. '이곳이 누구누구의 능'이라는 사전적인 지식만으로는 결코 올바른 탐방이 될 수 없다. 그곳에 잠들어 있는 이의 행적을 통해 그가 이루려 했던 꿈과 이상을 살펴보고 같이 느끼며 시대를 읽어 낼 수 있는 심미안이 필요하다.

소현세자의 묘는 경기도 원당의 서삼릉 경내에 있는 소경원이다. 그의 아내 강빈의 묘는 경기도 광명에 있는 영회원이다. 이루어지지는 않았으나 나는 소현세자의 묘에서 한 움큼의 흙을 담아 광명의 영회원에 뿌려 줄 심산이었다. 마치 강원도 영월에 있는 단종의 장릉에, 그의 아내 송씨와의 재회를 바라는 소나무 한 그루가 심어져 있는 것처럼, 저승에서나마 좋았던 그 금슬로 행복하기를 바라는 마음에서 말이다.

깊어 가는 파주의 **가을**

파주의 문화유적

서울에서 파주로 가는 길 초입에서 표지판을 따라 오른쪽으로 꺾어 들면 공순영릉을 만난다.

조선 제8대 임금 예종의 비 장순왕후 한씨의 능인 공릉과 제9대 임금 성종의 비 공혜왕후 한씨의 능인 순릉, 그리고 21대 영조의 맏아들인 추존왕 진종(바로 사도세자의 배다른 형이 된다)과 그의 비 효순왕후 조씨의 능인 영릉이 모여 있는 곳이다.

장순왕후와 공혜왕후는 모두 상당부원군 한명회의 딸로 자매간이면서 시숙모와 조카며느리가 되는 기묘한 관계다. 그리고 지금 이렇게 한 능역에 나란히 잠들어 있다.

공순영릉을 나와 북쪽으로 20여 분 정도를 가면 임진강이 나온다. 그곳에 허가 없이도 가 볼 수 있는 마지막 문화 유적, 화석정과 반구정이 있다.

화석정은 율곡 이이의 5대조 이명신이 세워 대대로 대물림 한 정자이다. 임진왜란 때 칠흑 같은 강물을 앞에 두고 발을 동동 구르던 피난길의 선조 일행에게, 이항복은 이 정자를 불태워 어둠을 밝혀 준다. 이미 고인이 되었던 율곡은 이를 예상하고 있었는지 생전에 미리 기둥마다 듬뿍 기름을 먹여 두었다고 한다.

화석정은 임진왜란 때 불타고 80여 년이 지난 후 다시 세웠으나 한국전쟁 때 또 불에 타 없어진 것을 파주 유림들이 복원하고 1973년 정부의 유적정화사업 때 정비되었다고 한다. 현판의 이 글씨는 아마도 그때의 것이리라.

화석정

화석정을 나와 임진각쪽으로 약 4㎞를 가면 반구정이 나온다. 미리 사전지식을 갖고 가지 않으면 찾기 힘들 정도로 잘 알려지지 않은 곳이다. 반구정은 조선왕조 오백 년 제일의 정승으로 불리던 방촌 황희가 갈매기를 벗삼아 말년을 보내던 정자다.

반구정

반구정에 가는 길을 묻자 화석정 매점의 주인 아저씨는 율곡은 후손이 없어 화석정이 초라하지만 황희의 반구정은 후손들이 번창해 잘 꾸며 놓았다고 했다. 과연 그의 말대로 율곡은 그가 죽은 뒤 돈이 없어 친구들이 비용을 추렴해 장례를 지냈다 한다. 그에 반해 평생 청렴한 정승으로 알려진 방촌 황희의 반구정 주변은 지금 번창한 후손들에 의해 화려한 변신을 했다.

반구정과 화석정을 품에 안고 흐르는 임진강은 짙푸르다. 그 옛날 수량이 풍부한 이 물길을 따라 물산이 왕래하고 그에 따라 임진나루, 문산나루 등 포구가 생겼다. 벽초 홍명희는 그의 소설 〈임꺽정〉에서 주인공들 중 하나를 이곳 임진나루의 별장으로 등장시키기도 했다. 분단의 역설일까? 임진강은 우리나라에서 가장 어종이 풍부한 곳이라고도 한다. 유람선이 운행하고 있다. 맑은 날이면 멀리 개성의 송악산이 보인다.

모두 파주에 오면 한 번쯤 들러 볼 만한 곳들이다.

가장 오래된 한글 비석 '한글고비(古碑)'

부모님의 묘를 지키는
신령한 비석

서울 노원구 은행사거리에서 하계동쪽으로 시원하게 뻗어 있는 도로를 달리다 보면, 왼편에 조그마한 동산이 하나 보인다. 운전을 하면서 보아도 기와지붕이 살짝 고개를 내밀고 있어 무엇일까 궁금해할 법도 하다. 이곳이 바로 현존하는 가장 오랜 한글 금석문인 한글고비(古碑)가 서 있는 곳이다.

한글고비는 한글로 쓰인 현존 최고의 비이면서 뒷면에 새겨진 가정 15년(1536년, 중종 31년)의 명문으로 비의 건립 연대를 알 수 있고, 훈민정음 통용 초기의 어법을 보여 주는 희귀한 금석문이다. 또 글자체는

〈훈민정음 해례본(解例本, 1446)〉이나 〈용비어천가(龍飛御天歌, 1447)〉 능 훈민정음 반포 직후 판본체의 기본을 따랐으면서도 이후 〈월인석보(月印釋譜, 1459)〉처럼 필사체로 변화되는 초기단계를 보여준다

조선 중종 31년에 묵재(默齋) 이문건(李文楗)이 선친 이윤탁(李允濯)과 어머니 고령 신씨 합장묘에 세운 것으로 15m 앞쪽에 있었던 것을 도로 확장 때문에 옮기고 원래의 자리에는 이를 표시한 돌을 묻어 그 뜻을 기렸다고 한다.

마치 광개토태왕비처럼 비의 네 면에 모두 글씨를 새겨 놓았는데 그 중 비의 왼쪽 면에 훈민정음 창제 당시와 똑같은 한글이 새겨져 있다. "이 비석은 신령한 비석이다. 이 비석을 훼손하는 사람은 재앙을 입으리라. 이것은 글 모르는 사람에게 알리는 것이다."라는 30자가 두 줄 세로로 새겨져 있는 것이다.

후세에 누군가 이 비와 묘를 해칠 것을 염려하여 맹자가 말한 불인지심에 호소한 것으로 한문을 읽을 줄 모르는 사람들을 위해 기록해 놓은 것이다. 부모에 대한 지극한 효심을 느끼게 해 주는 부분이다.

한글은 만들어진 지 100년이 넘도록 대중화되지 못했다. 궁중을 비롯한 특수신분 계층만의 문자였고 그만큼 천대받기도 하였는데 그 시기에 한글로 새긴 비를 세웠다는 것은 그만큼 가치가 있는 것이라 할 수 있겠다.

다시 걷고 싶은 그 길,
문경새재

겨울 초입,
한여름의 추억을 떠올리다

지난 여름 나는 백두대간 줄기를 따라 가족 여행을 다녀왔다. 그 중 기억에 남는 곳으로 문경새재를 꼽는 데 주저함이 없다. 아이들의 손을 잡고, 그 옛날 선비들이 과거를 치르기 위해 넘었다는 호젓한 산길 10여㎞를 걸었던 기억은 아직도 우리 식구에게 잊지 못할 뜻깊은 추억으로 남아 있다. 오늘! 그 여름의 기억을 되짚어 본다.

경상도 지방에서 충청도로 넘어가는 길은 풍기와 단양을 잇는 죽령(689m), 문경과 충주를 잇는 새재(조령, 632m) 그리고 이화령(632m), 계립령(520m)이 있다. 옛날 조선 시대의 유생들은 과거를 보기 위해 한양으로 가는 길로 꼭 새재를 넘었다고 한다. 그 이유는 죽령으로 넘으면 주르륵 떨어지고 추풍령으로 넘으면 추풍낙엽처럼 떨어지기 때문이라고 한다.

새재는 그 험준함이 나는 새도 쉬어간다 해서 '새재(鳥嶺)'라고도 하고 '새로 난 고개'라서 새재로 부른다고도 한다. 한편 조령산과 주흘산의 깎아지른 골짜기 사이로 난 길이라서 '새재' 즉 '샛재'인데 발음하기 좋게 새재가 되었다고도 한다. 또 경상도 지방에서 '쌔'라고 부르는 억새가 많아서 새재라 불렀다고도 한다. 그 이름에 연유해서 한자로는 '초점(草岾)'이라고도 한다.

원래는 문경쪽에서 넘어와야 제격이긴 하지만 오르막이라 아이들이 힘에 부칠 것 같아 내리막길이 되는 충주쪽으로 길을 잡았다. 충주쪽에서 새재를 넘을 때 처음으로 만나게 되는 관문이 바로 조령관(문경쪽에서는 영남 제3관이라고 부른다)이다. 오늘날 경상도 지방을 영남이라 부르기도 하는데 바로 이 조령관의 남쪽이라는 뜻이라고 한다.

조령은 임진왜란 당시 전략적 요충으로 급히 막아야 할 요새지였으나 도원수로 전권을 위임받은 총사령관 신립이 탄금대로 가는 바람에 비고 말았다. 급한 대로 신립은 관문에 허수아비를 세워 군사들이 있는 것처럼 위장을 해놓기는 했으나 까마귀들이 허수아비의 머리 위에 앉았다 날아가는 것을 본 왜군들이 가짜인 줄 알고 손쉽게 관문을 통과했다고 한다. 그들은 이 관문을 넘으면서 다시 한 번 조령의 험준함에 혀를 내둘렀다고 한다. 만일 탄금대가 아니라 이곳에서 왜군을 막았더라면 어떠했을까?

새재는 더 이상 그 옛날 선비들이 과거를 치르기 위해 넘었던 그 길이 아니다. 물론 옆으로 옛길을 복원해 놓기는 했지만 지금 우리가 걷는 새재는 아스팔트로 포장만 하지 않았을 뿐이지 차들이 다닐 수 있도록 다지고 넓혀 놓았다. 실제로 1960년대에는 차들이 다니기도 했단다. 그런데 지금 새재에는 차량의 왕래가 끊겼다. 여기에는 사연이 있다.

이 지역의 택시 기사분에게서 전해 들은 바에 의하면, 대구에서 사범학교를 졸업하고 문경에서 처음 교사생활을 했던 박정희가 최고 권력자가 되고 난 후 다시 문경을 찾아서는 바로 이 길을, 차를 타지 않고 걸어서 넘었다고 한다. 그리고 던진 한마디!

"이 길은 차들이 다니지 않게 보존했으면 좋겠다!"

그 한마디로 새재에 차량의 통행이 끊기게 되었다는 이야기이다. 한편에서는 1981년에 도립공원으로 지정되면서 차량의 출입을 금지시켰다는 얘기도 있다. 그 이유야 어쨌든, 덕분에 새재는 지금 한국인이 가장 걷고 싶어 하는 옛길이 되었으며 지역의 관광명소로 자리 잡았다. 만일 차량이 통행하게 된다면 어느 누가 이곳을 걸어 볼 생각을 하겠는가? 훌쩍 차를 타고 넘어가면 10분이면 족한 거리를 말이다.

다람쥐들이 전혀 사람을 겁내지 않는 호젓한 산길을 걷고 있지만 신경은 늘 뒤편에 있다. 조금만 소리가 나도 뒤를 돌아본다. 차가 곧 뒤에서 덮칠 것만 같기 때문이다. 이 넓은 길을 사람이 가운데로 걷고 있다는 사실이 잘 믿기지 않는다. 그리고 어느샌가 왼편으로 걷고

조곡관(영남제2관)

있는 자신을 발견한다. 습관이란 이처럼 무서운 것이다.

두번째 만나게 되는 것이 새재의 세 관문 중 가장 먼저 세워졌다는 조곡관. 옛 이름은 '조동문'이었지만 지금은 '조곡관'이라는 현판이 걸려 있다. 1975년에 복원한 것이다. 옆을 지키는 절벽을 보면 과연 이 곳을 통하지 않고는 도저히 넘을 수가 없는 바로 그 곳에 관문이 있다. 그만큼 요충지라는 얘기. 사극 촬영이 빈번한 곳이다.

마지막 세번째가 영남 제1관으로 불리는 곳. 바로 주흘관이다. 문경쪽에서 보자면 가장 먼저 만나는 곳. 평지에 서 있어 사람들도 아주 많다. 문경새재에는 모두 해서 새 개의 관문이 있다.

이렇게 지난 여름의 추억을 되새기고 있자니 마음은 이미 새재에

가 있다. 형형색색의 단풍이 물든 길도 좋을 것이고, 새하얗게 눈꽃이 핀 길도 좋을 것이다. 다람쥐가 뛰어 다니고 이름 모를 산새들이 정겹게 노래하는 새재! 그 길을 다시 걷고 싶다.

비봉(碑峰)에 **서다**

진흥왕 순수비가 있었던
봉우리

역사를 배우면서 삼국시대에 신라의 진흥왕이, 자신이 이룬 영토 확장을 기념해 네 개의 순수비를 세웠고 그 중 하나가 북한산에 있다는 것을 알게 됐다. 아주 오랫동안 방치되어 오다가 조선 시대의 명필이며 뛰어난 금석학자인 추사 김정희에 의해 비로소 신라 진흥왕의 것임이 밝혀졌다. 이 비는 1962년에 국보 제3호로 지정되어 경복궁으로, 다시 국립중앙박물관으로 옮겨졌다.

바로 그 진흥왕 순수비가 있던 곳이 북한산 비봉이다. 1,500년 전 백제와의 치열한 한강 유역 쟁탈전에서 승리한 진흥왕의 드높았던

순수비가 있던 자리임을 알리는 표지석

자부심을 더듬어 보며 설레는 마음으로 비봉으로 향한다.

정상 부근까지는 평범한 산행이지만 마지막은 그렇지 않다. 비봉은 백운대와 같이 거대한 한덩어리 바위로 된 암봉이라 위험하기는 마찬가지인데 이 곳에는 아무런 보호장치가 없다. 백운대에는 등산객을 위해 철 구조물과 계단이 설치되어 있는데 말이다. 그러니 그저 조심하면서 오르는 수밖에 방법이 없다. 바위 위에 오르면 반듯하게 각진 비석이 순수비가 있었던 자리임을 증명하고 있다. 2006년에 세웠다는 복제비이다. 그러나 그것뿐 아무런 안내문도 설명도 없다. 굳이 이 꼭대기까지 올라와 바로 이곳에 기념비를 세운 것에는 다 그만한 뜻과 의미가 있을 텐데 말이다.

신라는 진흥왕 때 그토록 염원하던 한강유역으로 진출했다. 중국과 직통할 수 있는 전략 요충지였다. 이곳에 신주(新州)를 설치하고 삼국통일의 기반을 조성하며 비상하기 시작했다. 왕은 16년(555년) 10월 북한산을 순행했고 11월 돌아오는 길에, 통과한 여러 고을의 세금을 1년간 면제하고 특별사면을 베풀었다. 순수비는 이를 기념하여 세운 것으로 짐작된다. 승가사(僧伽寺) 뒤쪽인데 이런 연유로 산봉우리의 이름도 비봉(碑峰)이 된 것이다. 순수비가 서 있던 이 자리는 1972년 7월 24일 사적 제228호로 지정되었다.

비봉은 이처럼, 그 역사적 의의가 심상치 않은 곳인 만큼 북한산을 오르는 모든 이들에게 살아 있는 역사 교육의 현장이 될 수 있는 곳이다. 한 번만 올라 보면 굳이 왜 이렇게 험준한 곳에 순수비를 세웠는지 단번에 알 수 있을 만큼 서울과 한강 유역이 한 눈에 다 들어 온다. 그러니 지금과 같이, 위험하니 돌아가라는 안내판 하나로 간단하게 정리되고 방치되어서는 곤란하다. 하루 빨리 정비와 관리를 통해 그 소중한 의미를 되새길 수 있게 되기를 바라며 관계당국의 관심을 촉구한다.

천험의 요새,
남한산성에 오르다

서울을 지키는
4대 요새 중 하나

조선왕조의 수도, 서울을 지키는 4대 요새가 있으니 동쪽의 광주, 서쪽의 강화, 남쪽의 수원, 북쪽의 개성이 그것이다.

동쪽의 광주에 남한산성이 있다. 이미 "백제 온조왕 13년에 산성을 쌓고 남한산성이라 불렀다."는 기록으로 보아 2천여 년이 다 되어 가는 유서 깊은 곳이다. 그만큼 천험의 요새지라는 뜻.

조선의 16대 왕 인조는 이곳 남한산성과 인연이 깊다. 인조 2년(1624), 원래 흙으로 만든 토성이었던 것을 돌로 다시 쌓는 대대적 개수공사를 시작, 인조 4년(1626년)에 완공하고 이어 산성 내에 행궁을 비롯한 인화관, 연무관 등을 차례로 지었다.

10년 만인 인조 14년(1636년)에 병자호란을 당해 피신을 오지만 결국 치욕적인 삼궤구고두의 예를 치르며 항복하고 만다. 유사시를 대비해 대대적인 개수를 시작한 것도 인조였고, 예상했던 비상한 상황을 맞아 실제 피난을 왔던 것도 모두 인조 자신이었으나 그의 바람과는 달리 남한산성은 그리 든든한 방벽이 되어 주지는 못했다.

인조는 우리 역사 오천 년을 통틀어 적국의 왕에게 직접 항복의 예를 행해야 했던 몇 안 되는 군왕 중 한 명이다. 남한산성은 이렇듯 아픈 역사를 품고 있다.

성 안에는 동서남북에 각각 4개의 문과 문루, 8개의 암문을 내었으며 역시 동서남북 4곳에 장대가 있었다. 80개의 우물과 45개의 샘도 만들었으며 광주읍의 행정치소도 성안으로 옮겨 왔다. 그만큼 남한산성을 중요시했다는 증거이다. 산성이 축조되고 처음 시행한 기동훈련에는 무려 1만 2,700명의 인원이 동원되었다 한다(인조17년 1639년).

그러나 그러면 무엇 하랴! 적의 침략에 대해 단 50일도 버티지 못하고 무너져 버린 다음인 것을. 국방이라는 것이 무기와 시설 등의 하드웨어 만으로 완성되는 것이 아니라는 것을 바로 이 남한산성이 똑똑히 보여주고 있다.

남한산성의 지휘소는 일명 서장대로 불리기도 하는 수어장대(守禦將臺). 산성에서 가장 높은 일장산 정상에 세워져 있다. 원래 단층이었던 것을 영조가 2층으로 짓게 했다. 바깥쪽의 편액이 수어장대, 안쪽이 무망루(無忘樓)이다. 무망루란 병자호란때 인조가 겪은 시련,

효종이 볼모로 잡혀가 겪은 8년간의 고통을 잊지 말자는 뜻으로 붙인 이름이다. 영조와 정조는 여주의 효종릉을 참배하고 돌아올 때면 언제나 이곳에 들러 하룻밤을 지내며 잊을 수 없는 치욕의 역사를 되새겼다고 한다.

씁쓸한 아픔의 역사를 간직한 채, 차가운 겨울바람을 이기며 남한산성은 묵묵히 제자리를 지키고 있다.

장흥에 왔다면,
소령원(昭寧園)에 가 보자

왕을 낳은 무수리,
숙빈 최씨

경기도 장흥은 국민관광지로 유명하다. 계곡을 따라 즐비한 식당과 숙박업소들은 이곳이 얼마나 많은 사람들이 찾는 곳인지를 잘 알려 준다. 그 중에서도 특히 기산 저수지와 마장 저수지 주변은 풍광이 뛰어나 사람들의 발길이 많이 닿는 곳이다. 그리고 그곳에는 무수리 출신으로 왕의 어머니가 된 영조의 생모, 숙빈 최씨의 묘, 소령원도 있다. 이왕에 나온 발길을 잠시만 짬을 내어 둘러보면 좋은 추억이 될 수 있다.

소령원은 숙종의 후궁이며 조선 제21대 왕이었던 영조의 친어머니인 숙빈 최씨의 묘이다. 숙빈 최씨는 원래 나인들의 부림을 받던 계집종으로 궁중에서 신분이 가장 낮았던 무수리 출신이다. 그러던 것이 장희빈의 음모로 자신이 모시던 인현왕후 민씨가 폐출되고 사사당하자, 관대했던 인현왕후의 덕에 보답하고자 홀로 민씨의 위패를 모시고 제례를 행하였다. 이러한 행동이 우연히 숙종의 눈에 띄었고 이를 기특히 여긴 숙종이 가까이하여 영조를 낳게 된 것이다.

숙원 · 숙의 · 귀인을 거쳐 숙빈에 책봉되었고, 1718년(숙종 44) 3월 9일 영조가 왕위에 오르기 5년 전 아쉽게도 49세의 나이로 승하했다. 묘호(廟號)를 육상(毓祥)이라 하고 묘호(墓號)를 소령원이라 했는데 묘비는 1744년 영조가 친히 썼다. 위패는 칠궁 내 육상궁에 봉안되어 있다. 칠궁은 조선 후기 왕실의 후궁들 가운데 왕이나 추존된 왕의 생모의 신위가 봉안되어 있는 곳이다. 지금의 청와대 경내에 있다.

영조는 지극한 효성으로 시묘살이를 했다. 효심의 원천은 생모가 천출(賤出)이라는 콤플렉스의 결과라는 해석도 없지 않다. 그러나 영조의 효심은 그가 왕이 된 이후에도 변함이 없었다. 당초 소령묘(墓)였던 것을 '원(園)'으로 격을 높였다. '원(園)'이 아닌 '능(陵)'으로 봉하고 싶은 마음이야 오죽했을까만은 왕이라고 해서 모든 것을 다 마음대로 할 수 있는 것은 아니었다. 더구나 치열한 당파싸움의 한가운데 있던 영조가 아니었던가! 탕평책은 그런 어려움을 극복하고자 나온 고육책 가운데 하나였다.

소령원에는 지금도 이와 관련된 여러 야사(野史)들이 전해 온다. 능으로 추봉하는 것을 가장 반대한 신하에게 소령원 제삿날 이글거리는 숯불 향로를 맨손으로 들게 했으나 그래도 반대의 뜻을 굽히지 않자 영조도 단념했다는 것이며 민심을 살피다 만난 숯장수 노인이 소령원을 '고령릉'이라고 말하자 궁으로 불러 술을 대접하고 소원을 들어줬다는 얘기도 전해진다.

생모의 묘에 대한 집착 때문에 영조가 오열했다는 기록은 실록에도 몇 차례나 나온다. 건강이 안 좋아 소령원 거동을 만류하자 울고, 거동 시각을 급히 바꿔 신료들이 어려움을 겪었다고 아뢰자 행차 때마다 뒷말이 돈다며 눈물을 지었다고 한다.

소령원을 지나 인근에 있는 보광사로 가는 길 중간에 됫박같이 생겼다 하여 '됫박고개'라는 이름이 붙은 재가 하나 나온다. 지금은 차로 쉽게 넘어갈 수 있으나 예전에는 무척이나 힘들게 넘었을 것 같다. 영조는 이 고개가 소령원에 누워 있는 자신의 생모와 더 멀어지게 한다고 생각했는지, 더 파서 낮추라고 해서 '더 파기 고개'라고 했단다.

이 밖에도 영조의 효심은 곳곳에서 발견된다. 1740년(영조 16)에 소령원과 가까이에 있는 고령사를 보광사로 이름을 바꾸고 숙빈 최씨의 원찰로 삼아 대웅보전, 광응전을 중수하고 만세루를 창건했다.

이 보광사 대웅보전 오른쪽 둔덕에 어실각이 있는데 여기에 숙빈 최씨의 영정과 신위가 모셔져 있다. 어실각 바로 앞에는 영조가 심었다는 향나무도 있다. 대웅보전 편액은 영조의 친필로 알려져 있다.

묘의 시설은 병풍석(屛風石)이 없는 곡장(曲墻) 및 혼유석(魂遊石)·묘비·문인석(文人石)·석마(石馬)·석양(石羊)·사초지(莎草地) 등이 있고, 사초지 앞에 정자각(丁字閣)과 비각(碑閣)이 있으며, 묘역 진입로에 신도비각(神都碑閣)이 있다. 정자각 동쪽 비의 전면에는 "朝鮮國

和敬淑嬪昭寧園(조선국화경숙빈소령원)”이라는 비명이 있고 묘소의 동쪽 비명은 “淑嬪海州崔氏昭寧園(숙빈해주최씨소령원)”으로 되어 있다.

겨울의 초입에서 비공개로 인해 더더욱 쓸쓸함이 묻어나는 소령원을 찾아 영조의 지극한 효심을 되짚어 보는 것도 의미있는 일일 것이다. 소령원의 바로 옆에 영조의 후궁인 정빈 이씨의 원소 유길원이 있으니 이 또한 둘러볼 만하다.

정빈 이씨는 영조의 후궁이 되어 장자인 효장세자, 즉 진종(眞宗 - 추존)을 낳았다. 원역은 서남향으로 조성되었으며 봉분 정면에는 비석 · 상석 · 장명등이 일렬로 배치되었고 양쪽으로 망주석과 문인석

소령원 전경

이 세워져 있다. 그리고 본래의 정자각과 수복방은 소실된 채 아직 복원되지 않고 있다.

영조를 중심으로 한쪽에는 어머니가, 또 한쪽에는 배우자가 잠들어 있으니 이곳 광탄은 참말로 영조와 인연이 깊고도 깊은 곳이다.

잊힌 풍운아, **흥선대원군**

대원왕(흥선대원군)의
묘를 둘러보고

흔히 '권세가 오래가지 못함'을 이르는 말로 '권불십년(權不十年)'을 얘기한다. 아무리 높은 권세도 10년을 가지 못한다는 뜻인데 왜 꼭 10년을 특정 지어 얘기했을까?

그 연유에 대해 알지는 못하지만 여기 우리 역사에 꼭 들어맞는 한 예가 있다. 바로 대원왕, 흥선대원군이다.

불과 100여 년 전, 임금보다 더한 권력으로 조선팔도를 좌지우지 했던 풍운아. 근세사를 통틀어 그만큼 파란만장한 생애를 살았던 인물이 과연 또 있을까?

그는 엄연히 왕족으로 태어났음에도 불구하고 세도가의 억압 속에서 '상갓집 개', '궁도령' 등으로 불리며 갖은 천대를 받았다. 그것도 모자라 스스로 장안의 파락호로 위장하여 목숨을 지켜야 했고 호구지책으로 난초를 그려 팔기도 했다.

그러나 몰락한 왕권을 회복하겠다는 꿈을 잃지 않고 기회를 엿보다 마침내 둘째 아들 명복을 임금의 자리에 앉혀, 살아 있는 대원군의 자리에 오른다. 그리고 어린 왕을 대신해 섭정의 자리에서 꼭 10년 동안 임금보다 더한 최고의 권력을 행사한다. 그 10년 동안 부패한 세도정치의 폐해를 극복하고 몰락한 왕권 강화를 위해 다양한 정책을 실시한 것이다.

이미 권력집단이 되어 버린 안동 김씨를 축출했으나 그 와중에서도 당파를 초월해 인재를 등용하였으며 부패관리를 적발하여 파직시켰다. 각종 부조리의 온상이었던 서원을 정리했고 육전조례, 대전회통 등을 간행하여 법률제도를 확립함으로써 중앙집권적인 정치 기강을 수립하였다.

비변사를 폐지하고 의정부와 삼군부를 두어 행정권과 군사권을 분리시켰으며 관복과 서민들의 의복제도를 개량하고 사치와 낭비를 억제하는 한편, 세제를 개혁하여 귀족과 상민 차별 없이 세금을 징수했다. 조세 운반 과정에서 조작되는 지방관들의 부정을 뿌리 뽑기 위해 사창(社倉)을 세워 백성들의 부담을 덜었는데, 이를 통해 국민들의 생활이 다소 안정되고 국고도 충실해졌다. 그리고 왕권 강화의 한 상징으로 임진왜란 이후 200여 년 동안 폐허로 방치되어 있던 경복궁을 중건하고 병인년 • 신미년의 외침을 막았다.

그러나 반대파에게 탄핵을 당하고 아들 고종이 친정을 선포하자 운현궁으로 은퇴한다. 1863년 섭정의 자리에 오른 지 꼭 10년 만의 일이다. 권불십년의 고사가 이보다 더 딱 들어맞을 수 있는가! 그 뒤 1882년 임오군란으로 잠시 정권을 잡았으나, 청나라 군사에 의해 톈진(天津)에 연행되어 바오딩부(保定府)에 3년간 유폐되었다. 1885년 귀국하여 운현궁에 칩거하면서 재기의 기회를 노리던 중, 1887년 청나라의 위안스카이(袁世凱)와 결탁하여 고종을 폐위시키고 장남 재황을 옹립하여 재집권하려다가 실패한다. 1898년 2월 운현궁 별장 아소당 정침(正寢)에서, 그 파란만장한 생애를 마쳤다. 장례식에 아들 고종은 불참하였다 한다.

흥선대원군 묘소

1907년(광무 11), 흥선대원군은 대원왕(大院王)에 추봉(追封)되었다. 원래 고양군 공덕리에 있던 대원왕의 묘소는 1906년 파주군 대덕리로 이장되었고, 1966년 현재의 위치로 다시 옮겨졌다. 그리고 1978년 10월 10일 경기도기념물 제48호로 지정되었다.

서울에서 청평으로 가는 길, 모란미술관이 있고 민족민주열사들이 잠들어 있는 마석 묘역의 인근. 공식행정구역으로 경기 남양주시 화도읍 창현리 산22-2에 이렇듯 한 시대를 풍미했던 '대원왕' 이하응이 세인의 관심에서 잊힌 채 쓸쓸히 잠들어 있다.

나들이 다녀오는 길에 잠시 시간을 내어 둘러 보면, 아이들에게도 좋은 역사 교육이 될 수 있다. 인근에 아들 고종과 손자인 순종의 능, 홍유릉도 있다. 이처럼 역사는 늘 우리 곁에서 조용히 숨 쉬고 있다.

망국의 아픔에 **분단의 상처까지 덧씌웠네**

군사분계선 남방한계선에 위치한
신라 경순왕릉

서기 927년, 경주 포석정에서 후백제의 견훤에 의해 신라의 경애왕이 시해된다. 견훤은 곧이어 문성왕의 6대손이며 이찬 효종의 아들인 김부를 다음 왕으로 세우니 이가 바로 신라의 마지막 왕 경순왕이다.

경순왕은 그러나 재위 9년 만에 자신을 세운 견훤을 떠나 고려의 왕건에게 천년 사직을 바치고 만다. 성난 표범과 같이 광포한 견훤과는 달리 "아버지 같이 부드럽고 법도가 있었으며 부하 군병들까지도 정숙하여" 왕실 안팎의 인심을 샀던 왕건에게 마음이 더 끌린 까닭이다.

왕건은 경순왕을 태자의 지위보다도 높은 정승공에 봉하고 유화궁을 하사했으며 자신의 딸 낙랑공주를 주어 혼인케 하는 등 극진히 대우했다. 녹 1천 석과 함께 경주를 식읍으로 주기도 했다.

이렇듯 왕건의 극진한 대우 속에 여생을 보내다 항복한 지 43년 만인 고려 경종 3년(978)에 세상을 떠나 '경순'이란 시호를 받고 이곳에 묻히니, 경순왕릉은 경주 지역을 벗어난 유일한 신라 왕릉이다. 향수 82세였다. 고려에 양국(讓國)하고도 43년을 더 살고 왕건보다는 33년을 더 살았으니 드물게 보는 장수라 하겠다.

그런데 경순왕의 무덤이 왜 경주에 있지 않고 이곳 연천에 있는 걸까? 978년 4월 4일 왕이 승하하자 신라의 유민들이 대성통곡하며 구름같이 몰려들어 영가를 선왕들이 있는 고국땅 경주로 모시고자 했다. 그러나 어찌 이 요구가 받아들여질 것인가.

고려 조정에서는 왕의 예장을 갖추는 조건을 달아 당시의 도성인 개경에서 백 리를 벗어날 수 없다고 명령했다. 경순왕의 영가가 경주에 갔을 때 그곳에서 있을 민심의 추이와 신라 부흥 운동을 염려했음직도 하다. 그래서 경순왕은 경주 땅에 묻히지 못한 유일한 신라 임금이 된 것이다. 개인적으로는 영화와 장수를 누렸다고 볼 수도 있지만 역사적으로는 불행한 비운의 왕이었다.

그 뒤 800여 년 동안이나 잊힌 채 방치되고 있던 것을, 조선 영조 때 김성운 등이 명문이 새겨진 비석을 발견하여 경순왕릉임을 밝혔다. 이에 영조는 왕릉의 예로 조성할 것을 명해 이때에 능의 석조물 등이 조성되고 정비되었을 것이라 짐작하고 있다.

경순왕릉

경순왕의 악운은 여기서 그치지 않았다. 1950년의 비극적인 한국전쟁으로 인해 다시금 방치되어 세인들의 기억에서 잊히고 만 것이다. 군사 지역으로 민간인의 출입마저 금지되었던 왕릉은 이 지역의 군인들에 의해 새롭게 발견돼 1975년 6월 25일 비로소 사적 제244호로 지정, 오늘에 이르고 있다.

그럼에도 불구하고 북한의 개성과 거의 일직선상에 위치할 만큼 최북단에 자리한 까닭에 찾는 이들의 발길이 뜸할 수밖에 없다. 경순왕은 이래저래 오늘도 쓸쓸히 멀리 임진강을 바라보며 누워 있을 뿐이다. 망국의 아픔도 모자라 분단의 상처를 온몸으로 겪고 있으니 이보다 더한 비운의 왕이 어디 있겠는가.

경순왕릉의 바로 지척에 삼국시대 최대의 격전지 가운데 하나로 꼽히는 호로고루성의 유적이 있어 이 또한 둘러볼 만하다.

애국선열에 대한
올바른 대우 절실

애국지사 묘역도 입장권을 사야
참배 가능

구한말, 6형제가 있었다. 이조판서를 지낸 이유승의 자제들이었는데 이 중 하나는 당대 제일의 부자로 불렸던 영의정 이유원의 양자이기도 했으니 모두 최상류층의 자제들이었다. 그러나 그런 만큼 나라로부터 받은 은혜가 적지 않다 생각하는 염치 있는 귀족들이기도 했다.

1910년 일제의 강점에 의해 합병이 이루어지자 넷째인 이회영이 6형제를 모이게 한 후 다음과 같이 말했다.

“슬픈 일이외다. 세상 사람들이 우리 가족에 대하여 말하기를, 대한공신(大韓功臣)의 후예여서 나라의 은혜와 세상의 두텁던 덕(德)이 한순간에 없어졌다고 합니다. 그러니까 우리 6형제는 나라와 같이 휴척(休戚)할 반열에 있는 것이지요. 한 · 일합방(韓 · 日合邦)의 괴변을 당하여 이 땅의 산이며 강은 왜놈들에게 넘어가고 말았으니 말입니다.

이에 대대로 명문이란 소리를 듣는 우리 가문이 왜놈의 치하에서 노예가 되어 생명을 이어 간다면 어찌 짐승과 다르다 하겠습니까? 그리하여 우리 형제는 당연히 죽고 사는 것을 따지지 말고 나이 든 이와 젊은이, 어린이들을 인솔하고 중국으로 망명하는 것이 좋을 듯합니다.

식구들을 먼저 옮기고 나서 나는 동지들과 상의하여 국경 부근에 흩어져 독립운동 하는 사람들을 모으려 합니다. 그리하여 먼 훗날, 하늘이 우리를 도와 왜적이 파멸하고 조국이 광복되도록 목숨을 바칠 것입니다.

이것이 대한의 민족된 사람의 신분이요, 또 왜적과 피 흘리며 싸운 백사 이항복 공의 후손된 도리라고 믿습니다. 원컨대 형님들과 아우님들은 제 뜻에 거스름이 없으시다면 우리 형제 모두 날을 잡아 하루라도 빨리 떠났으면 합니다."

– 이은숙 〈서간도 시종기(李恩淑 自敍 西間島 始終記)〉

모든 형제가 흔쾌히 동의했고 이리해 모인 재산이 자그마치 40만 원, 지금 돈으로 환산하면 600억 원이라는 어마어마한 돈이었다. 정승판서만 아홉이 나온 당대의 명문가였던 우당 이회영의 6형제들은 이렇게 모든 기득권을 버리고 조국의 독립을 위해 만주로 집단 망명을 떠난 것이다. 그리고 신흥무관학교를 세워 장장 10여 년간 무려 3,500여 명의 독립투사들을 길러 낸다.

가진 재산을 다 써 버린 후에도 상해 임시정부로까지 끊임없이 계속된 이들의 독립을 위한 처절한 투쟁은, 6형제 중 셋이 망명지 중국에서 죽고 오직 다섯째 이시영만이 해방된 조국에 돌아오고서야 비로소 끝을 맺는다.

간단하게 이들의 행적을 살펴보면, 중국에서 먼저 고국으로 돌아온 첫째 이건영과 셋째 이철영은 해방 전 세상을 떠났고, 아나키스트가 되어 끝까지 독립투쟁에 나섰던 넷째 이회영은 일제에 의해 감옥에서 옥사했으며, 만석꾼이던 둘째 이석영은 동생 이회영이 옥사한 지 2년 후 상해에서 홀로 쓸쓸히 생을 마감했다. 혹자는 그가 굶어 죽었다고도 한다. 막내 이호영도 가족과 함께 몰사했다고 한다.

해방된 조국에 살아 돌아온 이는 오직 다섯째 이시영이 유일하다. 독립운동 자료에 곧잘 등장하는 임시정부 요인의 환국 장면을 보면, 감격에 겨워 눈물을 훔치고 있는 백발이 성성한 노인을 볼 수 있다. 그가 바로 성재 이시영 선생이시다.

비단 이들 6형제뿐 아니라 그 자손들도 모두 독립운동에 투신했으니 이렇듯 집안이 온통 독립운동에 헌신한 예는 세계적으로도 찾아보기 힘들 만큼 극히 드물 것이다. 이는 사회 지도층에게 요구되는 도덕적 의무 노블레스 오블리주를 칼레의 시민보다도 훨씬 더 극명하게 보여 준 훌륭한 모범이 아닐 수 없다. 마땅히 기리고 본받아야 할 우리 사회의 정신적 가치인 것이다.

그러나 그로부터 100여 년이 지난 2004년 오늘, 대한민국의 현실은 이렇듯 존경스러운 어른을 찾아 뵙는데도 적지 않은(?) 비용을 지불해야만 한다.

서울 수유리 4·19 국립묘지의 위편에 성재 이시영 선생과 광복군 17분을 모신 애국지사 묘역이 있다. 국립공원 관리공단 수유분소로부터 불과 약 500여 m의 거리. 그러나 이곳에 참배하기 위해서는 1,600원의 입장료를 지불해야 한다.

참배를 위한 방문임을 얘기해도 돌아오는 것은 "입장권을 사야 한다!"는 대답뿐이다. 어디 그뿐인가! 시간당 3,000원의 주차료도 내야 한다. 독립투사 성재 이시영 선생과 광복군 17분을 참배하기 위해서는 약 4,600원이 있어야만 가능하다.

북한산 국립공원 내·외부에는 등산객을 위한 음식점들이 즐비하다. 그 중 일부는 국립공원 경내에 있어 식당에 간다는 얘기만으로도 입장료는 간단히 면제된다. 600억 원이 넘는 재산을 아깝다 않고 내놓으며 그것도 모자라 죽음을 무릅쓴 투쟁으로 조국의 광복을 위해 애써 온 애국지사에 대한 대우가 고작 한 끼 식사를 위한 음식점 출입만도 못한 것인가!

지금의 대한민국을 있게 한 애국지사들에게는 모든 노력을 다해 그에 걸맞은 합당한 대우가 필요하다. 그래야 후손들이 보고 배워,

혹시라도 있을지 모를 국가의 위기 때, 조국을 위해 헌신할 수 있는 것이다. 잠배를 위한 자유로운 출입이 필요하며 오히려 국가가 이를 권장해야 마땅하다. 지금 이대로는 곤란하다.

대자연의 숨결을 느끼며 **몽골의 향기에 취하다**

남양주에 온 징기스칸의 후예들

800여 년 전에 그들은 온 세상의 지배자였다. 인류 역사상 가장 방대한 영토를 가진 원제국의 지배계급으로서 온갖 특권을 누리며 부러울 것 없이 한 세상을 풍미하던 선택받은 민족이었다.

그러나 2004년 오늘의 몽골은 한반도의 일곱 배에 달하는 국토를 가졌음에도 불구하고 총인구가 겨우 250만 명에 머물고 있는 소국일 뿐이다(현재의 몽골을 비하하려는 의도가 아니라 과거 원제국에 비해 그렇다는 것이다).

얼마 전까지만 해도 북한과 더 가깝다는 이유로 멀게만 느껴졌던 칭기즈칸의 후예 몽골이 경기도 남양주시에 자그마하게 자리 잡고 있다. 지난 1998년 10월, 남양주시가 몽골의 울란바토르시와 우호협력합의서를 체결한 것을 계기로 남양주시 수동면 내방리에 몽골문화촌을 건립하고 몽골민속예술공연단을 초청하여 문화교류를 계속하고 있는 것이다.

이곳 몽골 문화촌에는 전시관 좌우로 몽골인들이 초목생활에 적합하도록 만든 전통 가옥 '겔' 아홉 동이 갖추어져 있고, 현지에서 직접 사용되던 민속품들이 전시되어 있다. 하지만 이런 전시품만이 전부라면 이곳을 '문화촌'이라 부르기가 약간은 어색할 만큼 준비와 시설이 부족하게 느껴진다. 따라서 별다른 감흥도 없을뿐더러 1,000원씩이나 하는 입장료가 아깝다는 생각이 들뿐이다.

몽골문화촌을 가장 빛나게 하는 아이템은 따로 있다. 바로 평일 하루 두 번, 주말 하루 세 번씩 열리는 몽골민속예술공연이 그것이다. 약 15명 정도로 구성된 몽골민속예술단은 어른 2,000원, 어린이 1,000원의 공연장 입장료가 전혀 아깝지 않을 만큼 몽골의 민속문화

몽골민속예술공연

를 성심껏 최선을 다해 보여 준다.

몽골인들은 원래 우리 민족과 많이 닮아 있다. 이처럼 생김새부터 낯설지 않은 그들이 거부감 없는 춤과 노래로 몽골의 정서와 감성을 잘 보여 준다. 가만히 듣고 있노라면 어느새 머릿속에는 몽골의 대초원이 펼쳐져 말을 달리며 양 떼를 몰기도 하고, 창칼로 무장하고 전 세계를 누비는 전사가 되기도 한다. 그런가 하면 아스라이 태양이 넘어가는 황혼녘에 초원에 홀로 서서 피리를 불며 사랑을 갈구하는 짝사랑의 주인공이 되기도 한다.

몽골을 직접 다녀오지 않는 이상, 아니면 일부러 많은 돈을 주고 특별히 그들의 초청공연을 보러 가는 노력을 하지 않는 이상 이보다 더 서민적으로 몽골의 문화를 직접 접해 볼 수 있는 기회가 흔치는 않을 것 같다.

우리와는 역사적으로도 인연이 많았던 그들! 몽골의 문화를 꼭 한번 접해 보길 추천한다. 주변에는 축령산 자연휴양림이 있고 아침고요수목원도 있어, 나들이 삼아 식구들과 함께 다녀오기에도 안성맞춤이다.

천상의 화원을 **만나다**

곰배령에 가다

해발 1099m, 구름과 맞닿아 있는 그곳에 자연이 만든 꽃세상이 있다. 우리나라 최대의 야생화 군락지 강원도 인제군 기린면 진동리 곰배령이다.

점봉산을 거쳐 설악으로 드는 남쪽 끝. 짧지는 않으나 험한 산길이 아니어서 한 식구 단위의 산행으로 잊을 수 없는 추억을 만들 수 있는 곳이 바로 곰배령이다.

강풍에 소도 먼 나들이를 떠나듯 날아간다는 '쇠나드리', 눈이 하도 많이 와 눈 전용 신발인 설피가 없으면 살 수 없다는 '설피밭', 전교생이 12명뿐인 '진동분교'를 지나 비포장 길을 계속 오르다 보면 곰배령과 단목령의 갈림길이 나온다. 곰배령 방향으로 길을 잡고 막 들어서면서부터는 하늘이 잘 보이지 않는 원시림이다.

그러나 빽빽한 나무들 사이의 숲길이면서도 고무신을 신고도 달려갈 수 있을 만큼 아름다운 오솔길. 산행을 많이 해 본 사람이라도 약간은 의외일 수밖에 없다.

꿀을 치는 듯한 민가에서는 태어난 지 이제 한 달 정도 되었을 것 같은 강아지 두 마리가 졸졸거리며 따라오고 어미개는 혹여나 새끼가 다칠세라 경계의 눈빛을 멈추지 않는다. 성질깨나 부릴 것 같은 커다란 아비개는 줄에 매달려 있으면서도 연신 으르렁 짖어댄다.

곰배령을 오르기 전, 민박집 주인마님께서 한마디 거들어 주셨다.

"두 군데 개울이 나와요. 개울을 그대로 건너서 계속 가셔야 해요. 그렇지 않으면 길을 잃거나 다시 돌아오는 수고를 감수하셔야 합니다. 꼭 기억하세요."

걷다 보니 과연 개울이 두 군데 나온다. 길이 없을 것 같으나 개울을 건너면 어김없이 길은 다시 이어진다. 양 옆으로는 꼭 고사리처럼 생겼으나 크기는 10배는 더 되어 보이는 원시식물이 지천으로 널려 있다. 자연스럽게 공룡시대로 돌아간 듯한 분위기. 금방이라도 티라노사우루스가 날카로운 이빨을 드러나며 뛰어 나올 것만 같다.

뱀이 많을 것이라는 얘기를 듣고 일부러 사 온 등산용 막대(스틱)를 두들겨 가며 햇빛이 잘 들지 않는 산길을 계속해서 걷는다. 저 밑으로는 그냥 떠서 마셔도 되는 청정한 특급수가 끊임없이 흐르고 있다. 수량도 풍부하다.

곰배령 정상

길은 다시 약간의 경사를 만난다. 조금 숨을 고르며 발걸음을 옮기다 보면 갑자기 하늘이 열리고 믿기지 않을 만큼 시원한 자연의 꽃밭이 눈앞에 '그야말로' 펼쳐진다. 굳이 표현을 하라면 영화 〈사운드 오브 뮤직〉의 마지막 장면, 마리아와 폰트랩 대령 일가가 알프스를 넘던 장면에 등장한 푸른 초원! 바로 그것이다.

산행이라기보다는 트래킹에 가까운 걸음으로 약 두 시간을 걷다 보면, 어느새 하늘길이 열린다. 그리고 천상의 화원이 펼쳐진다. 바로 '곰배령'이다.

어찌 바다와 계곡만을 **피서지라 하랴!**

극락으로의 행복한 순례,
부석사 기행

해마다 이맘때면 무더위를 이기기 위한 민족의 대이동이 시작된다. 견디기 힘든 찜통더위를 피해 바다와 산과 계곡들을 찾는 것이다. 끝없는 수평선을 바라보며 밀려오는 파도 속으로 몸을 던진다거나 매미소리 진동하는 나무그늘에 앉아 맑디 맑은 계곡물에 수박 한 덩이만 넣어 두어도 더위는 싹 가신다.

그러나 그렇다고 해서 어찌 바다와 산과 계곡만을 피서지라 하랴! 여기 또 하나 더위를 이기는 비법이 있다. 그것은 바로 여름휴가를 이용한 답사여행이다. 쨍쨍 내리쬐는 뙤약볕 아래에서 땀을 뻘뻘 흘리며 그 옛날 조상의 얼이 담긴 문화유적을 들여다보는 '시간여행'을 하고 있노라면 어느새 자신도 모르게 더위를 잊고 마는 것이다.

경북 영주에 있는 부석사가 바로 그런 곳들 중 하나이다. 부석사는 우리 조상들이 건물 하나를 지을 때에도 얼마나 공을 들이고 자연을 닮아 가려 애를 썼는지, 조그마한 돌덩이 하나에도 수많은 의미를 부여하며 그 속에서 깨달음을 얻으려 얼마나 고심했는지를 잘 보여 주는 훌륭한 전범이다. 우리나라에서 가장 아름다운 사찰 중 하나로 꼽히는 부석사 여행을 통해 '극락으로 오르는 행복한 순례'를 해 보자.

부석사는 당나라가 조국 신라를 침공하려 한다는 소식을 전하기 위해 급거 귀국한 의상대사가 서기 676년에 창건한 절이다. 그러하니 지금으로부터 자그마치 1,300여 년의 세월과 역사의 향기가 고스란히 배어 있는 것이다. 우리나라 사찰이 일반적으로 산속 깊은 곳에 터를 잡는 것에 반해 부석사는 독특하게도 산등성이에 길게 자리 잡고 있다. 한 계단 한 계단을 오를 때마다 주변 풍광이 놀랍도록 달라지는 것이 바로 그 때문이기도 한데, 바로 이것이 절을 처음 설계할 때부터 정교하게 계산된 공간구도라는 것을 알고 난 후에는 그저 감탄스러울 뿐이다.

제멋대로 생긴 자연석을 그대로 쌓아 축대를 만들었는데 그 사이사이에 잔돌을 끼워 맞춰 힘을 분산시키도록 했다. 이 자체만으로도 하나의 훌륭한 조형예술이 된다. 그러나 그것만이 아니다. 부석사의 이 석축은 계단을 오르다 보면 시나브로 극락에 이르도록 설계되었다. '구품만다라'를 상징하는 것이라고도 하고 화엄경의 사상을 실제 현실로 나타낸 것이라고도 하는 이 치밀한 구도는, 어찌 되었든 계단 하나 석축 하나라도 자연을 거스르지 않으며 불교사상을 드러내려 한 우리 조상들의 슬기가 담겨 있는 것만은 분명하니 어찌 놀라지 않을 수 있겠는가!

극락을 뜻하는 안양문을 지나면 바로 무량수전이다. 무량수전은 우리나라에서 가장 오래된 목조건축물 중 하나다. 꼭 필요한 것만을 갖춰 간결한 아름다움의 진수를 보여 주는 주심포 양식의 대표적 건축물이며 그대로 한국 고건축의 교과서가 된다.

사람의 착시를 교정하고 시각적 안정감을 주기 위해 보정작용을 하도록 고안된 기둥의 배흘림과 귀솟음 방식, 가운데보다 귀 부분의 처마 끝을 더 튀어나오게 하여 위나 옆에서 무량수전을 보았을 때 처마 선이 직선이 아니라 곡선을 그리게 해 육중하면서도 넓은 무량수전의 지붕이 무겁거나 둔하게 보이는 것을 방지하는 '안허리곡'의 수법을 이용하는 등 이 건물 하나에 숨어 있는 갖가지 첨단기술들은 알면 알수록 그저 놀라울 뿐이다.

부석사를 부석사이게 하는 또 다른 하나는 바로 무량수전에서 바라다보는 전망이다. 겹겹이 쌓인 소백산맥의 연봉들이 한 품에 들어오도록 석축을 쌓고 계단을 올려 마치 모든 산들이 부석사를 위해 자리하고 있는 듯한 느낌을 갖도록 한 이 놀라운 안목! 그러나 이것은 직접 발로 밟아 느끼지 않으면 절대로 알 수 없게끔 되어 있다. 왜냐하면 부석사는 애초부터 모든 건물과 전망이 한눈에는 다 들어오지 않도록 설계되었기 때문이다.

부석사

국보 5점, 보물 4점, 도 유형문화재 2점이 소장되어 있다는 부석사. 지금으로부터 1,300여 년 전, 조국의 위기를 알리기 위해 바다를 건너온 의상과 그를 흠모하여 인간의 몸을 버리고 용이 되어 끝까지 수호신이 되어 주었던 선묘의 애틋한 사랑 이야기, 그래서 부석사가 되었다는 전설 등 이것저것을 생각하며 발길을 옮기다 보면, 더위는 어느새 저만치 물러가 있다.

메밀꽃밭에서
소설 주인공이 되다

이효석의 〈메밀꽃 필 무렵〉의 무대,
봉평에 다녀오다

오래전부터 나는 봉평에 가 보고 싶었다. 가산 이효석의 고향이기도 하거니와 우리나라 단편문학의 백미라는 소설 〈메밀꽃 필 무렵〉의 무대이기 때문이었다.

거기에 더해 때만 되면 신문과 방송, 잡지까지 효석문화제를 홍보하기에 바빴고 심지어 여행관련 책자에서조차 봉평은 빠질 수 없는 중요한 여행코스 중 하나였다.

"도대체 뭐가 얼마나 그렇게 좋길래 이리들 난리일까?"

이런 호기심이 어느 사이엔가 동경으로 바뀌어 어서 빨리 때가 되기를 기다리는 마음이 되었다. 마침내 그 '때'가 왔다. 8월부터 이미

9월에 있을 효석문화제 여행상품이 판매되기 시작한 것이다.

나는 서둘러 예약을 했다. 그리고 뿌듯한 마음으로 호기롭게 집사람에게 얘기했다. 그런데 이게 웬 일! 아내는 화를 내고 있었다. 왜 남의 의사를 물어보지도 않고 예약을 했느냐는 것이 이유였다. 그리고 단호하게 말했다.

"난 절대로 안 가!"

그 후 틈만 나면 아내의 마음을 돌려 보려 노력을 했으나 모든 것이 허사였다. 시간이 흘러 어느새 예약날짜가 코앞으로 다가왔다. 나는 마지막 비상수단을 꺼내 들었다. 책을 읽어 주겠다며 10살과 7살 된 아이들을 부른 다음 아내가 들으라는 듯이 큰소리로 책을 읽기 시작했다. 바로 〈메밀꽃 필 무렵〉이었다.

유난히 책 읽는 걸 좋아하는 큰아이는 단 한 번 읽어 준 소설의 줄거리를 벌써 이해했다. 그리고 여러 가지 질문도 잊지 않았다.

"아버지! 그럼 동이가 허생원의 아들인가요?"

아들의 질문에 답을 하면서 아내의 눈치를 살폈다. 많이 풀어진 눈치였다. 나는 회심의 결정타를 날렸다.

"이 여행은 앞으로 우리 아이가 학교에 다니면서 국어공부를 하는 동안 빠지지 않고 나오는 소설 〈메밀꽃 필 무렵〉의 실제 무대를 보여 주는 것이다. 어찌 아이에게 도움이 되지 않겠느냐?"

아내는 결국 항복했다.

여행사를 통해 고속버스를 타고 가는 이번 여행은 이른 아침에 출발해야 했다. 계속해서 비가 내리는 바람에 걱정이 컸는데 출발지에 도착해서 보니 예약자가 단 한 명도 빠짐없이 다 모였다. 참으로 대단한 열정들이다. 하염없이 내리는 빗줄기를 뚫고 열정 가득한 우리를 실은 버스는 봉평으로 출발했다.

허브나라를 둘러보고 난 후 고대하던 목적지에 도착했다. 비가 내렸지만 소설 속에 등장했던 당나귀를 보고 큰아이는 기쁨을 감추지 못했다. 섶다리도 건넜다. 소금을 뿌린 듯 새하얀 메밀꽃밭도 구경했다. 점심으로는 메밀국수와 메밀전, 그리고 버스를 타고 와야 했던 또 하나의 중요한 목적인 동동주를 곁들였다.

기온이 내려가 속을 따뜻하게 데워 줄 수 있는 국밥 같은 걸 기대했으나 찾을 수 없었다. 맛은 있었으나 차가운 음식만 먹었더니 한기가 서려 몸이 오슬오슬 떨려 왔다.

식당을 나와 여기저기 둘러보았다. 효석문화제를 진행하는 측에서 장이 서지 않는 날 관광객을 위해 봉평장을 재현해 놓은 곳이 있었는데 들어가 보니 바로 여기에 펄펄 끓는 국밥이 있다. 아뿔싸! 여기서 점심을 먹을 걸, 후회해도 소용 없다.

토종닭으로 닭싸움을 하는 곳도 있고 갖가지 공연도 펼쳐졌다. 여러 가지 골동품 비슷한 기념품을 팔기도 한다. 시골 할아버지는 짚신을 만들어 와 펼쳐 놓으셨는데 나는 청나라 시대의 중국 동전을 몇 개 골랐고 큰아이는 짚신을 한 켤레 샀다.

구경을 하다 보니 어느새 시간이 다 되었다. 돌아오는 버스 속에서 생각해 본다. 날씨가 좋지 않아 기대했던 만큼 감동이 있었던 여행은 아니었다. 또 머릿속에서 그렸던 것과 달리 메밀꽃밭도 그리 대단치는 않았다. 그러나 자그마한 것 하나라도 잘 가꾸어 보여 주려고 하는 노력은 마땅히 칭찬받을 만한 것이었다.

봉평, 당나귀 모형도 있다

당나귀를 갖다 놓았는가 하면 물레방앗간을 꾸며 놓기도 했고 섶다리와 징검다리를 놓아 실제로 건널 수 있도록 했다. 장터를 만들어 기념품이나 메밀음식을 비싸지 않은 가격에 팔기도 했다. 화려한 볼거리와 맛있는 먹거리가 준비된 쾌적한 여행은 아니었지만 우리 아이들이 앞으로 국어공부를 하면서 '가산 이효석'이라는 이름과 소설 〈메밀꽃 필 무렵〉을 알게 될 때에는 반드시 오늘의 이 귀중한 체험을 기억하리라는 것을 나는 믿는다.

언제가 될지 알 수 없지만 훗날 우리 아이들이 스스로 이 소설을 읽게 되었을 때 오늘 보았던 이 새하얀 메밀꽃밭과 당나귀와 물레방앗간, 그리고 장터에서 짚신 팔던 할아버지까지도 다 함께 친근한 대화를 나눌 수 있기를 바란다.

가슴 시린 애달픈
사랑 이야기

중종의 비,
단경왕후의 온릉

의정부에서 39번 국도를 타고 송추검문소를 지나 벽제 방면으로 2㎞를 가면, 오른쪽에 '온릉'이라는 안내판이 나온다.

능역이 비공개인 탓도 있지만, 유원지로 향하는 도로변에 위치하고 거기에 더해 군부대를 옆에 바짝 끼고 있어 이곳 온릉은 유난히 사람들의 관심으로부터 멀어져 있다.

온릉은 과연 누구의 묘택일까? 온릉과 그 무덤의 주인공에 대해 정확히 알기 위해서는 그보다 조금 앞선 시대의 상황부터 살펴보아야 한다.

조선 제8대 임금 예종이 즉위 1년 만에 승하했을 때 예종의 원자는 겨우 네 살이었다. 그래서 다른 사람으로 왕위를 이어야 했는데, 원자 다음으로 왕위에 오를 수 있는 인물은 성종의 형인 월산대군이었다. 고금의 역사와 제자백가 등을 두루 섭렵했으며 성품이 침착하고 결백해 왕이 될 재목이라 평가받던 월산대군은 운명의 장난인지 당시 병중에 있었다.

세조의 비 정희왕후는 서둘러 당시 열세 살이었던 자을산군으로 조선의 대통을 잇게 하니 그가 바로 성종이다(이에 관해서는 성종의 장인이었으며 당시 최고 실력자였던 한명회의 계략이었다는 설도 있다). 이렇듯 조선왕조의 역대 군왕 가운데 명군 중 한 명으로 손꼽히는 성종임금은 원래 임금이 될 서열에 있지 않았다.

상황이 이쯤 되면 자신의 안위를 걱정해 후환을 없애려고 하는 것이 인지상정이건만, 성군이었던 성종임금은 형 월산대군에게 늘 마음의 빚이 있었나 보다. 성종은 형을 위해 덕수궁과 풍월정을 지어주고 종종 드나들며 위로하고 우애를 나누었다 한다. 월산대군도 모든 것을 잊고 그저 자연 속에 은둔하며 산천을 벗삼아 여생을 보냈다고 한다.

경치 좋은 양화도 북쪽 언덕에 있던 희우정을 개축해 '망원정'이라 부르고, 문인들과 교류하며 풍류를 노래했다. 그러나 마음의 한이 병이 되었던가. 어머니 인수왕후의 병을 간호하다가 월산대군 자신도 병이 들어 불과 35세의 나이로 세상을 떠난다. 성종은 형이 죽은 다음에도 더더욱 극진한 정성을 다하니 왕릉에 버금가는 월산대군묘는 조선시대의 대표적 대군묘가 된다.

비극은 성종의 아들이었던 연산군 때에 일어난다. 월산대군에게는 박씨라는 부인이 있었는데 인물도 절색일뿐더러 성품이 따스하고 정숙했다고 한다. 연산은 지아비를 잃고 홀로 사는 이런 큰어머니 박씨에게 자신의 큰아들을 돌봐 달라며 보냈다가, 아들이 자라 궁으로 들어오자 함께 불러들여 마침내 큰어머니를 범해 자결케 한다.

이런 폭군의 세상이 오래 갈 수는 없는 법. 급기야 반정이 일어나 연산을 몰아내고 새 임금을 맞아들이니 그가 바로 중종이다. 그리고 이 쿠데타의 주역 중 하나가 바로 자결한 월산대군 부인 박씨의 남동생 박원종이다.

이 중종반정으로 훗날 임금의 자리에 오른 진성대군에게는 잠저 시절부터 남달리 금슬이 좋은 부인이 있었는데, 좌의정 신수근의 딸이었다. 그런데 신수근의 누이가 폐위된 연산군의 부인이니 신수근은 새 임금 중종의 장인이면서 동시에 연산군의 처남이 된다.

폐위된 왕의 인척을 가만두지 않을 것이라 여긴 중종은 왕위에 오른 지 사흘 만에 서둘러 자신의 부인 신씨를 왕후로 봉한다. 그러나 반정세력이라고 가만 있겠는가. 박원종, 성희안, 유순정 등 중종반정의 주역들은 신씨를 역적의 딸이라 규정하고 어서 빨리 왕비를 폐하라고 압력을 가한다.

그들의 힘으로 이제 막 왕위에 오른 중종은 난처할 수밖에 없었다. 그러나 아내 신씨를 지극히 사랑했던 중종은 왕위를 물리면 물렸지 그럴 수는 없다고 버텼다. 이렇게 새 임금 중종과 반정 주모자들 사이에는 살벌한 긴장감이 감돈다.

이를 보다 못한 왕후가 스스로 자리에서 물러날 것을 청하니 부부는 눈물로 이별을 고한다. 왕후는 자신이 살아 있는 동안에는 인왕산 바위에 분홍빛 치마를 걸어 놓겠다는 약속을 남기고 왕후가 된 지 7일 만에 스스로 궁을 떠난다. 중종은 떠나간 왕후를 그리워하며 경회루에서 늘 인왕산을 바라보며 한숨을 지었다고 한다. 그러나 세월이 흐르면 사람의 마음도 변하는 법. 새로운 왕후와 후궁들로 인해 어느새 중종은 신씨의 일을 잊고 만다.

그 후로 자그마치 51년. 신씨는 세상을 떠나기 전날까지 하루도 빠짐없이 인왕산 바위에 자신이 궁중에 있을 때 즐겨 입었던 분홍빛 치마를 걸어 놓았다고 한다. 이것이 인왕산 치마바위의 전설이며 그녀가 바로 온릉의 주인공인 단경왕후이다.

신씨는 1557년(명종 12년) 춘추 71세로 세상을 떠나 본가 선영에 묻혔다가 180여 년이 지난 1739년(영조 15년)에야 비로소 복위가 되어 시호를 '단경', 능호를 '온릉'이라 했으며 단종의 능인 장릉의 예에 준하여 상설을 새로 만들어 설치했다.

차라리 남편이 왕이 되지 않았더라면, 오손도손 행복한 삶을 살았을지도 모를 애절한 사연의 주인공. 자신의 의지와는 전혀 무관하게 왕후가 되고 또 그로부터 7일 만에 폐비가 되어야만 했던 애절한 운명. 그 한을 가슴에 품고 51년간이나 남편을 그리워하며 지낸 눈물겨운 삶.

왕후의 아버지를 죽이고 후환을 두려워하는 공신들에 의해 스무

살의 꽃다운 나이에 폐위된 단경왕후 신씨는 정치적 승리자인 중종을 남편으로 두었으면서도 단지 거창 신씨라는 혈연으로 말미암아 자신의 고모인 연산군 부인 신씨와 같이 폐비라는 운명의 길을 걸어야만 했다.

단풍이 짙어 가는 2004년 가을의 한가운데에 서서 아무도 찾는 이 없는 단경왕후의 온릉을 찾아 조용히 머리 숙여 그녀의 편안한 휴식을 기원해 본다.

온릉 전경

조선태조 이성계의 **태실을 보며**

탯줄 또한
부모님이 주신 것이다

조선태조 이성계의 태실을 찾아간다고 하니 어머니께서 재미있는 옛날이야기를 하나 들려 주신다.

“옛날에 어느 양반 부잣집에 아주 건강하고 잘생긴 외동아들이 하나 있었단다. 글공부도 열심히 해서 이 집의 즐거움이자 희망이기도 했지.

그러던 어느 날 입성이 누추해 보이는 한 사내가 찾아와서는 하는 말이,

“보아하니 이 집은 행복이 넘쳐나는 것 같구려. 불행이라고는 전혀

찾아볼 수가 없어요. 그러나 내가 이 집에 우환이 생기게 할 수도 있고 망하게 할 수도 있습니다. 그러니 나에게 그에 합당하는 금전적인 보상을 해 주시오!"

물론 집 주인은 "웬 미친놈이냐!"며 두들겨 내쫓았단다.

그런데 그 일이 있은 후 얼마 뒤부터 과연 그 건강하고 잘생겼던 외동아들이 갑자기 눈이 아프다며 시름시름 앓기 시작했고 급기야 숨을 놓고야 말았단다. 집에서는 난리가 났지. 마른 하늘에 날벼락도 유분수지 감기 한 번 걸리지 않고 튼튼하기만 했던 아들이 백약이 무효로 원인조차 알 수 없이 저 세상으로 가 버리자 그만 정신이 나가고 말았던 거야.

바로 그때! 지난날 이 집에 와서 그 허무맹랑한 협박을 늘어놓던 사내가 다시 찾아왔어. 집주인은 버선발로 뛰어나가 아이를 살려 달라고 애원을 했지. 그러자 사내가 다시 얘기했단다.

"아들을 살려 줄 터이니 재산의 반을 내놓으시겠소?"

집주인은 당연히 그러겠노라 했지. 사내는 휘적휘적 발을 놀려 마을의 뒷산으로 올라갔어. 이 집의 선산이기도 했던 그곳에는 외동아들의 태를 묻어 놓은 곳이 있었는데 바로 그 아래에 조그만 연못이 있었단다. 사내는 그 연못 속에 있던 물고기 한 마리를 잡아 올려서는 물고기의 눈에 박혀 있던 조그만 가시 하나를 뽑았어. 그리고는 자리를 함께 한 집주인에게 나지막이 얘기했지.

"이 물고기가 바로 귀하디 귀한 당신 아들의 현신이오. 이 물고기의 눈에 가시를 꽂아 눈이 아프게 했고 그로 인해 목숨까지 잃게 만들 수 있었던 것이오! 이것은 내가 당신의 재산이 탐이 나서 그런 것이 아닙니다. 아들 귀한 줄만 알고 그 귀한 아들의 정기를 품고 있는 '태'를 허술히 한 것에 대한 경고요. 예부터 크게 될 사람의 태에서는 이렇듯 물이 나와서 스스로 연못을 만들고 자신의 분신으로 물고기 한 마리를 기르게 되어 있소. 저 물고기가 잘 자라야 당신의 아들도 본래의 운명을 잘 찾아 귀하게 될 수 있소. 당신 아들은 나라를 위해 큰일을 해야 할 사람이니 부디 이 태실과 연못의 물고기를 잘 관리하시기를 바라오!"

그리고는 홀연히 모습을 감추었단다. 집에 돌아와 보니 놀랍게도 죽었던 아들이 아무 일도 없었다는 듯이 다시 살아나 있었다는 게야. 크게 깨달은 집주인은 그동안 거의 방치하다시피 했던 태실에 대해 큰 관심을 갖고 소중하게 관리를 했고, 이 아들은 나중에 사내의 예언대로 나라의 위기를 훌륭하게 극복한 큰 인물이 되었단다. 네가 태실에 간다고 하니 도움이 되었으면 해서 하는 얘기다!"

어머니의 옛날이야기는 거기서 끝이 났다. 하지만 구수한 어머니의 옛날이야기 속에 내포되어 있듯이 '탯줄'에 대해 조심스럽고 성스럽게 생각해 왔던 선조들의 그 애틋한 마음은 내내 내 가슴을 떠나지 못했다.

우리 민족은 이렇게 예부터 사람의 태를 함부로 생각하지 않고 소중히 여겨 왔다. 일반의 사가에서도 이러할 진데 그것이 왕가의 것, 특히나 한 나라를 창업한 태조 이성계의 것이라면 그 대우가 어떠했을지 짐작하기가 과히 어렵지 않다.

태조 이성계의 태실은 충청남도 금산군 추부면(秋富面) 마전리에 있다. 조선 초기, 한 시인이 만인산을 보고 산세가 깊고 중첩한 산봉우리는 연꽃이 만발한 것 같고 99산의 물이 한곳으로 모여든다고 찬양했다. 이 소식을 들은 왕실이 이곳에 태조의 태실을 축조하였고, 옥계부사를 두어 관리하도록 하였다. 지금도 추부면 장대리에 '옥계부사도(玉溪府使都)'라는 고적이 남아 있고, 비례리(備禮里)의 이름도 그 지점부터 예를 갖추고 태실에 참배하였다는 데서 연유한다고 한다. '태봉산'이라는 산의 이름 역시 원래는 '만인산'이라 불렀으나 태조의 태를 묻었다 하여 태봉산이라 부르게 되었다고 한다.

태실은 처음 함경도 본궁(本宮)의 용연(龍淵)에 안치되어 있던 것을 무학대사의 지시로 이곳으로 옮기고 태실비를 세웠다고도 한다. 그 뒤 오백여 년간이나 변함없이 이 자리를 지키고 있던 태조의 태실은 1928년 조선총독부에서 관리의 용이성을 들어 전국 각지의 명당자리에 산재해 있던 역대 왕들의 태묘를 한곳으로 옮기는 와중에서 부서지고 허물어져 석비와 석조물만이 남아 원형을 찾아보기 어려울 지경이 되었다. 그 뒤 1993년 현 위치인 추부면 마전리 산 1-66번지에 복원했다고 한다. 원래의 자리에서는 조금 떨어진 곳이다.

일제에 의해 저질러진 이 만행은 사실 역대 왕들의 태를 봉안했던, 당시까지 온 나라의 도자기 기술이 총집결된 아름다운 조선백자를 탐냈기 때문이라는 설이 유력하다. 그리고 그 만행에 의해 지금, 조선 역대 왕들의 태묘는 아무런 연관도 없는 경기도 원당, 서삼릉의 한 귀퉁이에 마치 공동묘지처럼 반 평 남짓한 자리를 겨우 얻어 줄지어 서 있을 뿐이다.

눈 덮인 조선태조 이성계의 태실 앞에 서서, 그야말로 탯줄 하나까지도 소중히 여겨 왔던 조상들의 차원 높은 정신세계를 잠시나마 가늠해 보면서도 씁쓸한 마음 한구석을 지울 수 없다.

대청황제 공덕비에 **얽힌 이야기**

기구한 운명을 지닌
희귀한 비석

만주문자(滿洲文字)와 몽고문자(蒙古文字) 그리고 한문 등 3개국 문자가 모두 들어가 있는 희귀한 비석이 하나 있다. 우리나라에는 오직 하나뿐인 이 비석에는 아쉽게도 한민족 통한의 역사가 새겨져 있다. 바로 '삼전도비'라 불리는 '대청황제공덕비(大淸皇帝功德碑)'다.

이 비는 병자호란이 끝나고 난 2년 후인 1639년(인조 17)에 청나라의 강요에 따라 건립한 것으로 청나라가 조선에 출병(出兵)한 이유, 조선이 항복한 사실, 항복한 뒤 청태종이 피해를 끼치지 않고 곧 회군(回軍)한 사실 등을 담고 있다. 인조가 청태종에게 세 번 무릎을 꿇고 아홉 번 머리를 조아리는 삼궤구고두의 예로써 항복을 한 바로 그 자리쯤이다.

삼전노비와 관련하여 사실처럼 믿어지는 이야기 하나가 전해 내려온다. 인조가 청태종을 앞에 두고 머리를 조아리며 항복의 예를 행할 때 피가 나지 않는다며 청장 용골대가 인조를 핍박했다는 것이다. 하는 수 없이 이마에서 피가 날 때까지 머리를 땅에 찧어야 했기에 인조와 배석한 신료들이 모두 피눈물을 흘렸다는 대목에 이르러서는 힘없는 나라의 설움에 대해 원통해 할 수밖에 없다.

그러나 이와는 다른 주장이 있다. 〈인조실록〉을 비롯한 공식적인 기록 어디에도 이처럼 처절한 항복의식이 있었다는 내용은 없다는 것이다.

상이 남염의(藍染衣) 차림으로 백마를 타고 의장(儀仗)은 모두 제거한 채 시종(侍從) 50여 명을 거느리고 서문(西門)을 통해 성을 나갔는데, 왕세자가 따랐다. (중략) 한(황제)의 말을 전하기를 "지난날의 일을 말하려 하면 길다. 이제 용단을 내려 왔으니 매우 다행스럽고 기쁘다." 하자 상이 대답하기를 "천은(天恩)이 망극합니다." 하였다. 용골대 등이 인도하여 들어가 단(壇) 아래에 북쪽을 향해 자리를 마련하고 상에게 자리로 나가기를 청하였는데, 청나라 사람을 시켜 여창((臚唱)하게 하였다. 상이 세 번 절하고 아홉 번 머리를 조아리는 예를 행하였다. 용골대 등이 상을 인도하여 진의 동문을 통해 나왔다가 다시 동쪽에 앉게 하였다.

– 〈인조실록〉 15년 1월 30일

이것이 공식기록이다. 이를 근거로, 전해 내려오는 얘기들과 같이 과격한 항복의식은 없었다는 것이다.

그러나 아무리 실록이라 하더라도 사실이 이와 같았다면 역사적 치욕이 되는 국왕에 관한 이 모든 사항을 사진과 같이 정확하게 기록할 수는 없었을 것이다. 또 형식이 조금 다르고 온건해 피가 흐르지 않았다 해서 '항복'이 '협상'이 되지도 않을 것이다.

모양새가 어떠했든지 간에 인조는 오천 년 우리 역사를 통틀어 나라가 망하지 않았음에도 불구하고 적국의 왕에게 머리를 조아린 몇 안 되는 왕들 중 하나가 된다. 항복한 임금 인조에 대한 민초들의 동정심과 청에 대한 적개심이 더해져 사실이 조금 더 과장되었을 수도 있으리라.

그래서일까? 비석은 두 마리의 용이 여의주를 희롱하는 모습을 조각한 이수(螭首)와 비문을 새긴 몸돌이 가지는 조선 후기의 대표적 석조예술품이자 금석문이라는 높은 평가와 더불어, 3개국의 문자가 함께 기입된 유일한 비석으로서의 가치에도 불구하고 끝없는 수난을 당해야만 했다.

일본을 멸시하고 중국의 문물과 사상을 흠모하여 따르려는 모일모화사상을 두려워한 일본에 의해 땅속에 파묻혔다가 고종 32년(1895년)에 복구되었고 1956년 국치의 기록이라 하여 문교부(지금의 교육인적자원부)에 의해 다시 매몰되었다가 장마로 한강이 침식되어 몸돌이 드러나자 원래의 위치에서 송파쪽으로 조금 옮긴 지금의 위치에 다시 세워져 1963년 사적 제101호로 지정되었다.

사적이라고는 하나 지금도 이 비석은 주택가 한가운데 위치해 있어 을씨년스럽기 그지없으며 외부에서 찾아오기도 대단히 힘들다. 저녁에는 청소년들의 탈선장소로 전락하기도 하고 사적임을 모르는 일부 시민들에 의해 심하게 훼손되기도 한다고 한다. 참으로 기구한 운명의 비석이다.

남한강을 보며
진흥왕을 떠올리다

치열했던
삼국쟁패의 현장, 단양

충청도와 경상도의 내륙을 달리는 중앙고속도로의 상행선에 단양휴게소가 있다. 다른 곳과 달리 주행도로에서 안쪽으로 많이 들어가야 하기에 조용해서 좋다는 평을 듣고 있다. 게다가 최근에 지은 탓인지 시설 역시 깔끔한 편이다. 그러나 다른 그 무엇보다 이 휴게소를 인상 깊게 만드는 것은 잠깐 동안의 발품으로 즐길 수 있는 고대사 여행의 매력 덕분이 아닌가 싶다.

단양휴게소가 위치한 곳은 충청북도 단양군 단성면 하방리. 삼국시대 치열한 영토전쟁이 벌어졌던 신라의 적성산성이 위치한 곳이다. 더불어 신라가 당시 고구려의 강역이었던 이곳을 차지하고는 기쁜 마음에 비석까지 세워 기념했던 곳이기도 하다.

휴게소에 들어서면 정면으로 성재산이 바라다 보인다. 이 성재산의 정상부를 둘러 가며 쌓아 올린 전형적 퇴뫼식 산성이 적성산성인데 멀리서 보아도 튼튼하게 축조되었다는 느낌이 든다. 과연 산성은 안과 밖을 모두 다듬은 자연석으로 쌓은 석성으로서 내외협축(內外挾築)방식으로 시공되었다. 총 길이는 약 920m에 달한다.

북쪽으로는 남한강이 가로질러 흐르고, 동쪽에는 죽령천, 서쪽에는 단양천이 남한강으로 흘러들고 있어 삼면이 물줄기에 감싸인 봉우리이니 천연의 방어요새다. 또 남한강을 상하로 오르내리는 수로와 죽령으로 이어지는 육로가 나 있어 교통의 요지이기도 하다.

신라는 이곳 적성산성과 조금 남쪽의 온달산성을 근거로 한강유역과 함경도까지 진출할 수 있었다. 그러니 적성을 얻은 기쁨은 말로 다 표현하기가 어려웠을 것이다. 이처럼 충만했던 진흥왕의 기쁨을 엿볼 수 있는 단서가 있으니 단양 신라 적성비가 그것이다.

이 비석에는 이곳 적성이 신라의 영토라는 것과 그 과정에서 신라에 충성을 바친 적성인(赤城人) 야이차(也尔次)에 대한 칭찬과 포상 그리고 누구든 야이차(也尔次)와 같이 신라에 충성하는 사람에게는 똑같이 포상하겠다는 내용이 담겨 있다.

6세기 중엽, 좁디 좁은 서라벌 시대를 마감하고 욱일승천의 기세로 호호탕탕 거침없이 영토를 확장해 나가던 정복 군주 진흥왕의 자부심 짙게 배인 포효소리가 들리는 듯하다.

울릉도를 복속시킨 장군 이사부(異斯夫)와 김유신의 할아버지 김무

력(武力) 등 우리 역사 속의 낯익은 이름들도 확인된다. 1978년 1월 6일 단국대학교 학술조사단이 발견해 조사하기 전까지 등산객들의 신발에 묻은 흙을 터는 용도로 사용되었다는 이 비석은 휴게소에서 5분 남짓한 적성산성 안에 있다.

촘촘히 쌓아 올린 성벽 위에서 굽이치는 남한강의 물결을 바라보며 진흥왕의 호탕한 웃음소리와 "계립현(鷄立峴)과 죽령(竹嶺) 서쪽 땅을 되찾지 못하면 돌아오지 않겠다."던 온달장군의 피맺힌 절규를 생각해 본다.

원주를 거쳐 서울로 향하는 바로 이 길이 그 옛날 천군만마를 거느리고 질풍처럼 내달리며 치열한 영토전쟁을 벌였던 격전의 현장임을 생각하며 즐거이 고대사 여행을 할 수 있는 곳!

요즘은 공짜로 뭘 본다거나 즐길 수 있는 곳이 별로 없는 것이 현실이다. 그런 면에서 부근을 지나는 일이 있다면 일부러라도 한번 들러 볼 만한 곳이 바로 단양휴게소다. 온달산성과 향산리의 석탑을 곁들인다면 금상첨화가 될 것이다.

1년에 딱 한 번
길이 열린다

12번째
우이령길 걷기대회

산행을 하는 사람치고 북한산과 도봉산의 종주를 꿈꾸어 보지 않은 사람이 얼마나 있을까? 그러나 지도를 펴 들고 들여다보다가는 실망 끝에 이내 포기하고 마는 것은 '군사보호구역'이라는 현실의 벽을 넘을 수 없기 때문이다.

이에 굴하지 않고 끝내 종주를 하고자 하는 이는 산행 중 반드시 한 번은 도로로 내려와 다시 산을 올라야 하는데, 그 분수령이 바로 도봉산과 북한산의 연결고리쯤이 되는 우이령 고개이다. 일명 '소귀고개'로 알려진 우이령길은 6·25전쟁 이전에는 원래 마을 사람들이 다니던 소롯길로 경기도 양주시 장흥면 교현리와 서울의 우이동 일

12번째 우이령길 걷기 대회

대를 연결하는 소로였다. 이것을 한국전쟁 기간 중 미군 공병대가 작전도로로 개설하여 차량 통행이 가능하게 만들었다고 한다.

그 후에도 사람의 왕래가 계속되었으나 1968년 김신조 등이 일으킨 청와대 기습사건에 의해 도로가 폐쇄되어 30여 년 동안 일반인의 출입이 금지되었다. 한쪽에는 군부대가, 또 한쪽에는 전경부대가 자리 잡고 있기 때문이다.

그러던 우이령길이 자연과 환경을 사랑하는 사람들의 염원과는 무관하게 오로지 '개발'이라는 미명하에 아스팔트로 포장된 관통도로가 될 뻔한 적이 있다. 지난 1994년 서울시와 경기도는 지금의 이 우이령길을 확 · 포장해 개설하는 것을 계획했다. 1994년 초 당시 서울시 도봉구와 경기도 양주군은 환경영향평가나 교통영향평가도 받지 않은 채 총 59억 원의 예산을 들여 그 해 6월부터 우이동의 그린파크 앞에서부터 양주군 장흥면 교현리 음자마을까지 6.8㎞에 달하는 6m 폭의 우이령 흙길을 폭 8~12m의 왕복 2차선 도로로 확 · 포장하는 공사를 이미 확정한 상태였다.

이 길이 뚫리면 도봉산과 북한산의 허리가 잘리고 환경이 파괴되는 것은 불을 보듯 뻔한 일. 뜻을 같이 하는 각계각층의 인사들이 모여 '우이령보존회'를 결성하고 관통도로 반대를 위한 투쟁에 돌입했다. 그리고 1994년 4월 17일 통행이 금지되었던 길을 걸으며 관통도로를 반대하는 '제1회 우이령길 걷기대회'가 약 7,000여 명의 시민들이 참가한 가운데 성대하게 열렸다.

이 행사는 내외의 뜨거운 관심을 불러일으켰고 9월 20일경 국립공원 위원회에서 우이령 도로 확 · 포장 계획은 만장일치로 부결되어 마침내 우이령 도로 확 · 포장 계획은 백지로 돌아갔다. 많은 사람들의 땀과 노력에 의해 개발을 피하고 다시 또 깊은 침잠의 세계로 빠져든 것이다.

이것을 기념해 매년 한 차례, 1년에 단 한 번 우이령길이 열린다. 올해로 벌써 12번째이다. 대회가 이어지면서 어느덧 길을 걷는 목표도 바뀌었다. 군부대와 전경부대를 이전시키고 아름다운 우이령길을 생태도로로 만들어 시민의 품으로 돌려보내자는 목표가 그것이다.

그때가 되면 산악인들의 오랜 염원인 북한산과 도봉산의 완전한 종주를 이룰 수 있지 않을까?

〈자료는 '우이령 보존회'를 참고하였습니다.〉

추로지향(鄒魯之鄕)
안동기행

경주 보다 더 많은
국보를 지닌 곳

'안동' 하면 아무래도 '양반'이 가장 먼저 떠오른다. 성리학의 집대성자 퇴계 이황을 낳았고 그 문하에서 수를 헤아릴 수 없을 만큼 많은 유학자를 길러내 거대한 '영남학파'를 이루었으니 그 자부심이 과연 헛된 것만은 아니리라.

그런 영향 때문인지는 몰라도 이 땅에 유교이념이 들어온 이래로 안동은 스스로를 공자와 맹자의 고향이라는 '추로지향'으로 부르며 강한 자부심을 표현해 왔다. 안동이 신라의 천년고도 경주보다도 국보가 4점이 더 많다는 얘기 또한 안동인들 자부심의 또 다른 표현이다.

때론 그들이 자신들 일족의 부귀영화와 일신의 영달을 위해 나라를 어지럽히기도 하였으나, 사람 사이에 예의가 흐르는 인의(仁義)의 나라를 만들기 위해 목숨까지도 아끼지 않고 대의를 지켜 왔던 꼿꼿한 선비정신으로 우리의 정신세계를 한 차원 높게 승화시켜 온 것 또한 사실이다.

일찍이 고려 공민왕이 홍건적의 난을 피해 이곳으로 왔는데 피난길의 고단함을 이 고장 사람들의 극진한 정성으로 풀었다고 한다. 그래서 내린 이름이 '안동웅부(安東雄府)'. 공민왕의 친필로 쓰인 이 현판은 지금도 안동 사람들의 자랑거리 중 하나이다.

어디 그뿐인가? 이중환은 그의 저서 〈택리지〉에서 전란이 있을 때에도 사람이 오래 살 만한 곳으로 도산과 이곳 안동의 하회를 제일로 꼽고 있다. 이렇듯 지리적으로도 안동은 주변에 높은 산이 많지 않고 낙동강의 물줄기가 곁에 있어 예로부터 사람이 살기 좋은 땅이었다.

이러한 옛 조상들의 숨결을 느끼며 조심스럽게 안동기행을 떠나보자.

전탑의 고장

유학이 자리를 잡기 훨씬 전, 불교가 성했을 때에도 안동은 이 지역의 중심지였다. 통일신라시대에는 '고창군'으로 불렸는데 당시의 전탑들이 많이 남아 있어 '전탑의 고장'으로도 알려져 있다. 벽돌을 쌓아 올려 만드는 전탑은 특이한 지질구조 때문인지는 모르겠으나 다른 고장에서는 보기 매우 힘든 유적이다.

신세동 7층 전탑

안동댐과 중앙선 철길을 바로 옆에 두고 우리나라에서 가장 큰 국보 제16호 '신세동 7층 전탑'이 우뚝 서 있다. 벽돌을 차곡차곡 쌓아 올린 17m 높이의 장대하지만 안정감이 느껴지는 탑으로 안동을 '전탑의 고장'이라 불리게 하는 대표적인 것이다. 그러나 그런 만큼 수난도 많아 화려했던 금동의 상륜부는 객사의 소용물로 쓰기 위해 녹여졌고 일제강점기에는 보수라는 명목 하에 탑의 기단부를 시멘트로 덧칠해 버려 전체적 생김새가 기형적으로 변해 버렸다. 그뿐 아니라 탑은 중앙선 철길의 바로 옆에 위치해 있어 진동음에 늘 노출되어 있다. 이에 대한 대책 마련이 시급하다.

동부동 오층 전탑

안동역 철우회관 구내에 보물 제56호 '동부동 오층 전탑'이 있다. 원래는 신세동의 것과 같이 7층이었다고 하는데 현재는 오층만 남아 있다. 금동의 상륜부는 임진년 조일전쟁 당시 명나라 군인들이 도둑질해 갔다고 안동의 지리지 〈영가지〉에 기록되어 있다고 한다.

봉감 모전오층탑

정확히는 영양군에 속하지만 넓게 보아 안동권이라 할 수 있는 영양군 입암면 신해리에 국보 제187호 '봉감 모전오층탑'이 있다. 마을

길을 따라 휘적휘적 걷다 보면 동산천 줄기를 바로 곁에 두고 탑이 우뚝 서 있는데 이는 수성암을 벽돌처럼 잘라 만든 것이다. 그 높이가 무려 11m에 달하나 탑은 전혀 부담스럽지 않다. 아름다운 비례에 상승감이 더해져 흡사 경주의 감은사탑을 보는 듯하다. 마을 사람들이 살고 있는 일상의 한가운데에 이렇게 천 년을 버텨 온 역사가 살아 숨 쉬고 있다.

목조건물의 박물관 천등산 봉정사

안동의 서북방 16㎞에는 의상대사의 수제자였던 능인대덕이 창건했다는 봉정사가 있다. 영주 부석사에 있던 의상대사가 종이학을 접어 도력으로 날려 보내니 학이 이곳 천등산에 내려앉아 이름을 '봉정사'라 했다는 전설이 전해 내려온다.

극락전

봉정사에는 우리나라에서 가장 오랜 목조건축물 '극락전'이 있다. 1972년 해체복원 시 발견된 상량문에 따라 대략 12세기 중반에 건축된 것으로 추정하고 있다. 그러나 대들보 위의 복화반(엎어놓은 꽃 모양)과 공포, 결구처리 등을 근거로 보는 이에 따라 고구려계통의 건축기법으로 8세기까지도 연대를 올려 잡기도 한다. 국보 제15호로 지정되어 있다.

대웅전

보물 제55호인 대웅전은 현재 봉정사의 주불전으로 조선 초기에 지어진 것으로 보고 있다. 퇴락한 단청 때문에 근래에 새로 칠한 극락전보다 오히려 더 고풍스럽게 보인다. 얼마 전 이 대웅전의 후불벽에 걸려 있던 탱화를 보수하는 과정에서 후불벽화가 발견되어 떠들썩하기도 했다. 지붕 용마루의 한가운데에 다른 것과는 달리 유달리 반짝이는 기와가 하나 있는데, 엘리자베스 영국여왕의 방문을 기념한 친필 사인이 들어간 것이라 한다. 이 외에도 봉정사에는 조선후기에 지어진 보물 제448호 화엄강단과 영화 〈달마가 동쪽으로 간 까닭은〉의 촬영지인 요사채 영산암이 있다.

도산서원

안동의 동북쪽 35번 도로를 따라가다 보면 퇴계 이황을 모신 도산서원이 있다. 천 원권 지폐의 뒷면을 장식하고 있기도 하지만 안동을 양반의 고향으로 만든 시발점이 되는 곳으로 사적 제170호로 지정되어 있다. 인근에 퇴계종택과 퇴계묘소가 있고, 안동댐으로 물에 잠기게 된 광산김씨 동족마을을 옮겨 놓은 오천 문화재단지가 있다.

하회마을

안동에서 서쪽으로 흘러가는 낙동강 본류가 제 몸을 구부렸다 펴,

마치 태극문양을 만들 듯이 휘감아 나가는 곳에 하회마을이 있다. 연꽃이 물 위에 뜬 형상이라는 '연화부수형'으로, 대단히 특별한 길지 가운데 하나로 꼽힌다. 서애 류성룡으로 대표되는 풍산 류씨의 동족 마을이지만 원래는 김해 허씨와 광주 안씨의 터전이었다고 한다. 유성룡의 맏형이며 류씨 대종택인 겸암 류운룡의 양진당과 서애 유성룡의 충효당과 남촌, 북촌댁 등의 종택들이 있으며 지금도 사람들이 살고 있어 그 운치가 남다르다.

부용대

하회마을의 강 건너에 마을을 한눈에 내려다볼 수 있는 나지막한 바위절벽이 있으니 '부용대'다. 달 밝은 밤에 이 부용대에서 불꽃을 내려 보내고 강물에 배를 띄워 놓고 이를 즐기는 '줄불 선유놀이'가 전하니 하회탈놀음과 함께 하회를 대표하는 전래놀이이다.

병산서원

풍천면 병산리에 우리나라 서원건축의 백미로 꼽히는 병산서원이 있다. 조선 시대의 대표적인 유교 건축물로 류성룡(柳成龍)과 그의 셋째 아들 류진(柳袗)을 배향하고 있다. 1868(고종5년) 흥선대원군의 서원 철폐령 때에도 사라지지 않은 47개 서원 중 하나이다. 사적 제260호로 서원의 대강당이라고 할 수 있는 만대루에서 바라보는 경관이

가히 일품이다.

주왕산

안동 인근 청송의 주왕산에 가면 짤막한 산책을 하는 정도만으로도 설악산 천불동과 같은 기암절벽을 구경할 수 있다. 용암이 아닌 화산재의 일종인 회류응회암이 흘러내리다가 굳었다는 기암괴석들은 모두 이곳 주왕산이 아니면 좀체 보기 힘든 것들이어서 절로 탄성을 자아내게 한다. '당나라의 후주천왕'이라고도 하며 '신라의 김주원'이라고도 하는 주왕에 얽힌 전설 또한 산행을 즐겁게 하는 요소 중 하나다. 길이 잘 닦여 있어 식구들이 함께 하기에도 좋을 듯하다. 인근에 영화 〈봄 여름 가을 겨울 그리고 봄〉의 무대였던 주산지가 있어 그 비경을 조용히 뽐내고 있다.

〈한국문화유산답사회 '답사여행의 길잡이' 참고〉

북관대첩비의 주인공,
정문부 장군의 묘소를 찾다

백여 명의 의병과 함께 일어나
함경도 땅을 수복한 정문부 장군

우리 민족 역사상 가장 참혹했던 전란 중의 하나가 바로 임진왜란일 것이다. '조 · 일전쟁'이라고도 불리는 이 난리는 조선 전역에 걸쳐 무려 7년 동안이나 이어져 말 그대로 우리 국토를 아비규환의 생지옥으로 만들었다.

잘 알려진 바와 같이 개전 초기 연전연패하던 조선군에게 승리의 소식을 전하며 한 가닥 희망이 되어 준 것은 오로지 이순신의 수군뿐이었지만 육지라 해서 아무 저항도 없이 무작정 손을 놓고 있었던 것도 아니었다. 지방 양반들에 의해 주도되었던 이들 '의병'이라 일컫는 민중들의 자발적인 저항과 빛나는 투쟁정신은 오랜 전란을 겪으면서도 조선이 쉽게 망하지 않고 시련을 이겨 낼 수 있었던 밑바탕이 되었다.

의병에 대해서는 주로 삼남지방의 활약상이 두드러지게 나타나고 기타 다른 곳은 조금 덜한 듯 보이기도 하지만 함경 · 평안 · 황해 등 북쪽지방의 의병들 역시 삼남지방과 비교해 조금도 뒤지지 않는 혁혁한 전과를 거두었다. 그 중 하나가 요즘 한창 관심의 대상이 되고 있는 북관대첩비의 주인공 정문부 장군이다(정문부 장군은 사실 문관 출신이라 '장군'이라는 호칭이 다소 어색할지도 모르겠으나 편의상 그리 부르기로 한다).

임진왜란이 일어나고 파죽지세로 조선의 수도 한양을 향해 진격해 온 왜군 고니시(小西行長)와 가토(加藤淸正)는 팔도분할계획에 의거하여 가토가 함경도로 진격하였다. 평소 중앙의 차별정책에 강한 불만을 가지고 있던 도민들은, 임해군과 순화군이 민심을 수습하라는 명을 받았음에도 불구하고 지방민들에게 피해만 끼치는 것에 격분했다. 그리하여 두 왕자를 잡아 바치고 스스로 왜군의 향도가 되어 그들의 침략을 도왔다. 이에 가토는 힘들이지 않고 함경도 전역을 장악할 수 있었는데 함경도에서는 이뿐 아니라 북쪽에 있던 여진이 남침해 오는 상황까지 겹치고 있었다.

이렇듯 북침해 오는 왜군과 나라에 반역한 반란군, 북쪽에서 침입한 여진족의 문제까지 겹쳐져 함경도 지방에서 의병을 일으키기란 반란군이 없었던 다른 지역보다 훨씬 더 어려운 상황이었다. 정문부는 이렇게 어려운 상황에서 의병을 일으켰던 것이다.

함경도 북평사의 직위에 있었던 정문부는 처음 백여 명의 인원으로 창의병을 일으켜 안팎의 어려움을 극복하면서 안으로 반적 국경인 · 국세필 · 정말수 등의 목을 베고 밖으로는 경성전투를 시작으로 길주 · 장평 · 쌍포 · 단천 · 백탑교 등에서 모두 승리를 거두어 왜병 천여 명의 목을 베었다. 이를 통칭하여 '북관대첩'이라 한다. 또 여진족까지 토벌 순무하여 함경도 땅 천여 리를 모두 수복하고 국경 6진을 공고히 하였다.

남도의 의병과는 달리 관북지방에서는 첨사나 만호 등 주로 현직에 있었던 무관들이 의병으로 활약한 경우가 많았다. 이는 함경도 지방에서 이미 관군의 기능이 마비되었고 이들이 의병으로 통합되었다는 것을 의미한다. 그럼에도 불구하고 조선 조정이나 중앙에서는 이들 의병들의 항쟁을 지원하고 격려하기보다는 오히려 음해하고 견제하기에 급급했던 듯싶다. 정문부 장군도 예외가 아니었다.

북관대첩의 승리로 함경도 지방 의병의 지휘권은 자연스럽게 정문부에게로 귀속되었는데 이를 시기한 감사 윤탁연의 그릇된 보고로 인해 정문부는 이후 전란 극복의 논공행상에도 참여하지 못했다. 그리고 그에 따라 공을 세운 휘하 의병들 또한 전혀 혜택을 받지 못했다. 이로써 의병에 참가한 사람들뿐만 아니라 북도(北道) 사람들 전체에게도 큰 실망을 안겨 주었다. 왜군이 철수한 1593년 4월에 이르러서는 그 지휘권마저 병사에게 옮겨 가면서 의병들의 활동은 더욱 위축되고 말았다.

정문부 장군은 임란이 끝난 후 중앙의 당쟁을 피하여 길주목사 등 주로 외관직을 자처해 지방을 전전했고 말년에는 병조참판으로 의정부 송산에 살면서 〈농포집〉 5권을 남기기도 했다. 그러나 사력을 다해 피하고자 했던 시기와 질시로부터 끝내 자유롭지 못해 결국 그가 창원부사 때 지은 초회왕(楚懷王)의 시가 인조를 빗댄 것이라는 죄로 고문사 당하였으니 향년 60세였다.

억울하게 화를 입은 지 41년 만에 영의정 정태화(鄭太和)의 상소에 의하여 누명이 밝혀지며 현종 6년(1665년)에 이르러 신원이 회복되었고, 숙종 40년(1713년)에는 충의공(忠毅公)이라는 시호를 받고 부조전(나라에 공이 있는 사람의 위패를 영원히 모시게 하는 것)을 윤허(1788년)받았다. 그리고 임란 일등공신 좌찬성 대제학으로 추증되었고, 그의 공덕을 기려 함경도에 창렬사 등 네 사당에 배향되었다. 남한에는 건국 후에 지은 진주 충의사와 의정부에 충덕사가 있다.

같은 숙종대에 함경부 길주에 정문부 장군의 공을 기려 세운 비가 북관대첩비(北關大捷碑)이다. 이것을 1905년 러 · 일 전쟁 당시 이 지역에 주둔하고 있는 일본군 제2사단 17여단장 이께다 소장이 임명역에서 발견, 자신들의 패전 기록인 이 비석을 수치로 여겨 미요시 중장이 귀국 시에 일본으로 가져가 황실에서 보관하다가 현재는 일본 군국주의의 상징인 야스쿠니 신사 숲 속에 방치하고 있는 것이다.

대한민국 정부와 관련단체는 대첩비의 반환운동을 펼치고 있으나 일본은 "원소재지가 북한"이라는 점 등 여러 이유를 들어 거부하고 있을 뿐 아니라 비석 위에 큰 돌을 올려놓아 한민족의 기상을 억누르려고까지 하고 있다.

남북의 화해와 협력의 시대가 다가옴에 따라 요즘 부쩍 남과 북 모두에게 관심의 대상이 되고 있는 북관대첩비를 생각하면서 가까이에 있는 정문부 장군의 묘소를 찾아 조용히 머리 숙인다. 정문부 장군의 묘는 의정부시 용현동에 있다.

정하섭과 소화가 **사랑을 나누던 곳이 바로 거기**

소설 〈태백산맥〉의 고향,
벌교 기행

'꼬막'과 '태백산맥'의 고장, 벌교

벌교는 꼬막의 고장이다. 추운 겨울날, 여자만(汝自灣-순천만의 또 다른 이름)의 찰지고 찰진 뻘밭에서 캐낸 꼬막은 아낙들의 모진 고생이 농축된 그야말로 명품의 맛을 지녔다. 그러나 그것을 제외하고는 이름조차도 생소했던 남녘의 이 지방 소도시를 훨씬 더 벌교답고 유명하게 만든 것은 다름 아닌 조정래의 대하소설 〈태백산맥〉이다. 700만 부가 훨씬 더 넘게 팔렸다는 불가사의한 소설의 주무대가 바로 이 벌교이기 때문이다.

나같이 십 수년도 훨씬 더 묵은 오래된 독자에게, 이름만으로도 곱

태백산맥 문학관

다시 큰 설렘을 일으키는 몽환의 도시 벌교를 존재케 하는 것은 오로지 한 편 소설, 문학의 힘이다. "보라! 우리 문학, 여기까지 왔다!"며 위풍당당했던 광고 문구처럼 벌교 곳곳에는 소설이 실제로 재현되어 있다.

가장 먼저 눈에 들어오는 것이 2007년 11월에 준공된 태백산맥 문학관인데 벌교를 찾는 이들에게 소설을 소개함과 동시에 세계문학기행 1번지를 지향하는 취지로 건립되었다고 한다. 그 바로 옆에는 영험했던 무당의 딸 소화의 집이 있고 그녀가 정하섭과 사랑을 나누었던 현부자댁도 위용을 뽐내며 중도 들녘을 내려다보고 있다.

김범우가 건넜던 '횡갯다리'는 보물 304호인 홍교

홍교

'벌교'라는 지명을 탄생시킨 홍교(虹橋)는 현존하는 아치형 석교 중 그 규모가 가장 크고 아름다워 보물 제304호로 지정돼 있는데 소설 속 김범우가 건넜던 횡갯다리이다. 지주로부터 빼앗은 쌀을 마을 사람들에게 나누어 주던 곳이기도 하다. 1980년대에 복원해 지금도 마을 사람들이 이용하고 있으니 벌교 사람들은 그야말로 보물을 밟고 다니는 셈이다.

그 바로 옆이 숱한 양민들의 죽음이 있었던 소화다리이다. 소설 속 아름다운 새끼무당 소화의 이름을 딴 것이 아닌가 고민해 보지만 사실은 왜정 때인 1931년, 소화(昭和) 6년에 건설된 다리라는 뜻이라 한다. 여기에서 '소화(昭和)'는 당시의 일본 왕 히로히토의 이름을 딴 연호인데, 서슬퍼런 일왕의 이름을 다리에 붙이고 불렀던 식민지 벌교 사람들의 기개가 놀랍기도 하거니와 해방 이후에도 원래의 이름인 부용교(芙蓉橋)를 놔두고 변함없이 그렇게 부르고 있다는 것도 사실은 의외이다.

지금은 일제 때 만들어진 원 다리 옆에 새 다리가 살을 맞대고 놓아져 새 다리는 왕복차도로, 옛 소화다리는 사람이 다니는 인도교(人道橋)로 쓰이고 있다고 한다. 이 외에도 벌교초등학교 옆에는 소설 속 빨치산 토벌대장 임만수와 그 대원들이 한동안 숙소로 사용하던 '남도여관'이 있고 염상구가 깡패 왕초와 누가 더 오래 버티나 담력시험을 하던 '기차 철다리', 그리고 "지아무리 심든다 혀도 워찌 뻘밭에다 방죽 쌓는 일에 비허겄소."라는 대사 장면이 나오는 '중도방죽'이 모두 지근거리에 있다.

벌교 전체가 바로 〈태백산맥〉인 것이다. 이미 머릿속에서는 토벌대와 빨치산의 치열한 전투가, 김사용과 염상진의 담판이, 마름들의 토역질이, 인민재판 속 하대치의 일장연설이 뒤죽박죽 수를 놓듯 마을의 전경과 겹쳐지고 있다. 소설 속 허구와 현실이 양립하는 결코 쉽지 않은 경험을 벌교로 인하여 겪고 있는 것이다.

그러나 아무리 그렇더라도 이 멀리까지 왔는데 이렇게만 보고 그냥 가기에는 아무래도 아쉬움이 남는다. 여건이 허락되어 주변을 둘러볼 수 있다면 여행은 한결 더 풍성해진다.

우선 벌교가 속해 있는 보성에는 이름난 녹차밭이 있다. 은은한 녹차향기를 맡으며 피로를 풀어보자. 인근에 낙안읍성도 있다. 성(城)이라고는 그저 험준한 산악에 의지해 쌓은 산성(山城)만 보고 들었던 우리에게 사람이 사는 평지에 쌓은 읍성은 사뭇 흥미로운 체험이 아닐 수 없다. 지금도 사용하는 성안 우물에서 물 한 모금을 마시고 조금 더 가면 승보종찰 송광사(순천)가 있고 송광사 바로 옆에 조정래가 나고 자랐다는 선암사(승주)가 있다.

바닷가 순천만은 세계 5대 연안습지로 꼽히는 명소이기도 하거니와 사진을 하는 사람이라면 누구나 한번 가 보고 싶어 하는 촬영지이기도 하다. 구내매점에서 우리 밀로 만든 빵을 맛보고 인근 식당에서 파는 짱뚱어탕도 먹어 보아야 한다. 이 곳 순천의 지역 특산물이다. 그러나 그보다 더 눈 여겨, 반드시 둘러보아야 할 곳이 있다. 찾는 이도 없어 흡사 버려져 방치된 듯 보이는 순천 왜성(順天倭城)이 그곳이다.

조일전쟁 막바지, 왜군 남해안 따라 왜성 30여 개 구축

순천 왜성은 400여 년 전 조일전쟁(임진왜란, 정유재란) 말기, 조명

연합군과 의병, 이순신에 밀린 왜군들이 마지막 저항거점이자 교두보로 세웠던 전투기지이다. 이 때문에 두 겹, 세 겹의 완벽한 방어막을 형성하고 있으며 산 능선을 따라 곡선을 이루는 우리나라 성들과는 달리 일직선으로 구성된 전형적인 일본식 축성법을 보인다.

바닷물을 끌어들여 해자를 만들고 다리를 놓아 낮에는 다리로 다니고, 밤이면 다리를 들어올려 통행을 끊었기 때문에 '왜교(倭橋)' 혹은 '왜교성(倭橋城)'이라 불리기도 했다. 축성 후 고니시 유키나가(小西行長)가 1만 3천 7백 명의 병력으로 주둔, 조 · 명 수륙연합군과 두 차례에 걸쳐 최후 · 최대 격전을 벌인 곳이기도 하다. 당시 남해안을 따라 군사적 요충지마다 이런 왜성들이 30여 개나 들어차 서로 긴밀한 상호협력체계를 구축하고 있었다고 하니 만일 전쟁을 일으킨 도요토

순천 왜성

미의 죽음과 철군명령이 없었다면 이후 전쟁 양상은 짐작키 어려운 것이었다.

당시 상황을 조금 더 자세히 들여다보면 조선 침공 시 제1선봉장으로 악명을 떨쳤던 고니시가 하루라도 빨리 일본으로 돌아가야 했던 이유가 있었으니, 바로 도쿠가와 이에야스(德川家康)와의 대결 때문이었다. 애초 도요토미 히데요시(豊臣秀吉)가 죽고 그의 아들 히데요리(豊臣秀頼)가 권력을 승계하기는 했으나 어린 히데요리는 노회한 도쿠가와의 맛있는 먹잇감에 불과했다.

전쟁에 단 한 명의 부하도 보내지 않고 호시탐탐 기회를 노리던 도쿠가와는 히데요시 사후 서서히 권력을 장악해 가는데 히데요시의 충복이었던 고니시가 이를 막으려 했기에 대결은 불가피한 것이었다. 문제는 전투에 나서야 할 고니시의 전 병력이 이순신에 의해 순천 왜성에 철저히 봉쇄, 고립되어 있다는 것이었다. 다급해진 그는 포위를 풀고자 명나라 제독 진린에게 뇌물을 써 가며 애원했으나 이순신은 눈도 깜짝하지 않았고 마침내 노량해전에서 전멸을 당한다.

싸움의 와중에 혼란을 틈타 간신히 탈출에 성공한 고니시는 와신상담, 도쿠가와와 일전을 벌이지만 이미 날개가 꺾인 그는 전투에서 패한 후 참수형을 당한다. 이것이 바로 일본 역사에서 유명한 세키가하라 전투이며 이후 250여 년에 걸쳐 일본을 지배한 덕천막부(德川幕府)가 탄생되는 순간이기도 하다(물론 고니시가 이 싸움의 주역은 아니었다). 고니시와 함께 조선 침공의 선봉에 섰던 경쟁자 가토(加藤清正)는 울산 왜성에 주둔하고 있었는데 히데요시의 친척이었음에도 불구하고 배신하여 도쿠가와 편에서 전투를 치르고 영화를 누리게 되니 참으로 사람의 일이란 알 수 없는 것이다.

이처럼 소용돌이 치는 격랑의 역사 속 한복판에 있던 순천왜성이 무심한 듯 조용히 서 있다. 일제 지정 문화재에 대한 재평가 작업에 따라 지난 1997년 1월 1일에 국가지정문화재에서 해제되었고 역사적 · 학술적 가치와 보존상태 등을 감안하여 1999년 2월 26일에 전라남도기념물 제171호 '순천왜성'으로 지정되어 오늘에 이른다.

고니시가 필사적으로 탈출을 원했던 그 바다는 매립되어 하이스코 공장이 들어서 강산도 이미 여러 번 변했고 견고했던 왜성 역시 몇몇의 파편만 남아 쓸쓸히 자리를 지키고 있을 뿐이다. 그러니 상상 속에서나마 눈에 보이는 공장의 건물들을 치우고 그 자리에 바닷물을 다시 채우는 것, 몇몇의 축대 같은 성벽과 남아 있는 파편 속에서 전투요새 왜성의 모습을 다시 그려 내 치열했던 전쟁의 참화와 그 속에서 희생된 민초들의 모습을 찾아내는 것은 오로지 이곳을 찾는 탐방객들의 몫일 것이다. 그리하여 다시는 이 땅에서 전쟁이 없게 하겠다는 결심과 노력의 다짐을 되새기는 뜻깊은 시간으로 만드는 것도 오로지 남아 있는 우리들의 몫이다.

피서 대신 새로운 즐거움 찾기, '답사여행'

피서는 부자들의 전유물이었다. 더위에 지쳐 머리가 어질어질해

지고 도저히 한 발짝도 움직일 수 없는 지경이 되면 동네어귀 개천에 풍덩 빠져 놀다 수박 한 덩이 베어 먹으면 그만인 것이 없이 사는 우리들의 일상이었다. 그러던 것이 상전벽해(桑田碧海)도 이만한 것이 없다. 조금 산다 하는 사람들은 모조리 해외로 빠져 버리고 여의치 못한 이들이 해수욕장이나 계곡을 찾는다.

여름 한 철, 빠뜨릴 수 없는 연중행사로 바캉스를 즐길 만큼 우리에게 여유가 있는지는 모르겠으나 휴가철 사람들이 모이는 곳에서 느끼는 불친절이나 바가지 등을 생각해 보면 그 또한 전혀 즐겁지 아니하다. 휴가의 목적은 일상의 피로를 쫓아내고 새로운 생활의 활력을 찾는 것인데 막상 우리의 휴가는 본래의 목적에 전혀 부합하지 않기 때문이다. 그럴 때 조금만 생각을 바꾸면 새로운 즐거움을 찾을 수 있는데 '답사여행'이 바로 그것이다.

답사여행은 우리 조상의 문화유적을 직접 찾아 발로 밟으며 보고 느끼는 테마여행이다. 평소에는 여건상 하기 힘들었던 사적지를 찾아 식구들과 함께 돌아보며 견문을 넓히는 것이다. 휴가지에서 분을 삭이며 지불해야 하는 평소 몇 갑절의 하루 방값이면 맛있는 특산물과 편안한 잠자리, 현지분들과의 교감 등 지역의 맛이나 멋, 정서까지 직접 온몸으로 느낄 수 있다. 어디 그뿐인가! 아이들에게는 그대로 체험학습의 장이 되기까지 하니 일석삼조인 셈이다. 답사여행을 위해 우리가 준비해야 할 것은 오로지 "피서지는 바다와 계곡뿐"이라는 경직된 사고에서 벗어나는 것 뿐이다.

어찌 바다와 계곡만을 피서지랴 하랴! 우리나라는 온 국토가 박물관이다. 이번 휴가는 역사 속 조상들과의 즐거운 만남이 있는 곳, 답사여행이 어떠하리!

제주에서
무엇을 볼 것인가

아름다운 풍광과 함께
아픈 역사도 함께 살펴보시길

제주도는 세계 7대 자연경관이라고도 하고 유네스코가 지정한 우리나라에 하나밖에 없는 세계자연유산이라고도 한다. 그만큼 풍광이 수려하고 아름다운 곳으로 전 세계에서 수많은 사람들이 찾고 있는 곳이다. 그렇다면 제주는 관광객을 위한 안내 책자에 설명되어 있듯, 자연이 인간을 위해 만들어 준 지상낙원일 뿐일까? 이 땅에 사는 사람들은 섬이 생긴 이래 아무런 걱정 없이 안락하고 편안한 삶을 누려 왔을까? 정답부터 말하자면 그렇지 않다. 그 이유를 알아보도록 하자.

제주도는 동서 73㎞, 남북 31㎞로 우리나라와 일본, 중국, 동남아

시아와 태평양을 잇는 교통의 요충지이다. 이 때문에 각 지역에서 세력을 뻗치려 했던 이들은 항상 이곳 제주를 자신의 세력권 안에 두고자 했다. 독립국 탐라시대를 마감하고 백제에 복속된 이래 신라 고려시대를 거쳐 삼별초를 진압하고 눌러 앉은 이민족 몽고의 지배는 무려 100년이나 이어지며 제주의 민중들을 착취했다. 고려 명장 최영의 분투로 겨우 그 지배에서 벗어났지만 이후 조선 시대에 들어와서도 제주는 여전히 유배의 땅으로 본토와는 다른 차별받는 섬이었다.

멀리 갈 것도 없이 불과 얼마 전까지만 해도 일본 제국주의자들은 제2차 세계대전에서 패색이 짙어지자 자신들 일본 열도를 지키기 위해 연합군의 7가지 진격로에 대한 방어 구상, 즉 '결7호 작전'의 하나로 제주에 7만 명에 이르는 병력을 배치하고 온 섬을 군사기지화했

산방산과 알뜨르 비행장. 가마가제 특공대의 비행기 격납고가 보인다

다. 이는 조선에 주둔하는 총 병력의 절반에 해당하는 큰 규모였다고 한다. 곳곳에 해안동굴을 파고 잠수정이나 어뢰정을 숨겨 놓았고 대규모 비행장을 만들어 그들의 가미가제 특공대를 배치했다. 지금의 제주공항인 정뜨로 비행장, 서남쪽 모슬포에 위치한 알뜨르 비행장도 바로 이 계획에 의해 건설된 것이다. 그뿐만 아니라 고사포 기지와 지하벙커도 만들었다.

시간에 쫓겼던 일제는 이 모든 일들을 제주도민을 강제로 징집해, 변변한 장비도 하나 없이 만들었으니 제주민들의 피해가 얼마나 컸을지 짐작할 수 있는 대목이다. 1941년 4월에 있었던 오키나와 전투에서 미군 1만 5천, 일본군 6만 5천, 민간인이 약 12만 명이나 전사했다고 하니 전원 옥쇄를 결의하고 있던 제주도에서 실제 전투가 있었다

격납고 안의 비행기 모형

면 얼마나 많은 희생이 있었을지는 짐작 조차도 쉽지 않은 일이다.

이런 가혹한 일제의 탄압 속에서 맞이한 해방은 제주도민에게는 그 억압의 정도에 비례해 기쁘고 또 기뻤을 것이다. 그러나 생존을 위협받지 않는 새나라 건설의 꿈에 부풀어 있던 그들에게 일제의 끄나풀이었던 자들이 다시금 지배자로 등장하는 믿기 힘든 상황은 너무도 견디기 어려웠을 터, 제주가 해방 이후 좌우익의 이념투쟁에 격렬했던 이유 중 하나도 여기에 있다고 할 수 있다. 더불어 탄압도 거세어졌다.

4·3을 비롯해 수없이 많은 제주 도민의 억울한 죽음이 있었다. 총으로 쏴 죽이는 총살형은 아예 이야깃거리도 되지 않을 정도였다고 한다. 지금 세계자연유산으로 지정된 성산일출봉 가는 길에서는 사람들을 굴비 엮듯이 묶어 놓고 앞에 있는 한 사람만을 총으로 쏴 바다로 떨어뜨리면 묶인 사람들이 차례로 바다에 빠져 익사했다고 한다. 오로지 총알을 아끼기 위한 방법이었다고 한다. 영화 〈지슬〉에서 재현된 바에 같이 영문도 모른 채 한라산으로 쫓겨 산중 굴속에서 당한 이름 모를 희생 역시 말로 표현할 수 없을 정도라고 한다. 가히 제주는 '죽음의 땅'이었던 것이다.

이러한 제주의 아픈 역사를 다시는 되풀이하지 않기 위해 지난 2005년 1월 27일, 정부는 국가적 차원에서 제주도를 '평화의 섬'으로 선포했으나 불과 얼마 지나지 않아 대규모 해군기지 건설계획이 발표되고 공사는 이미 진행되고 있다. 이를 막기 위한 노력 역시 현재 진행형이다(공사를 진행하는 쪽에서는 해군기지가 아니라 '민군복합형 관광미항'

이라고 한다). 제주도가 가진 지정학적 위치 때문일까? 군사적으로 제주를 이용하려는 시도는 끊이지 않고 계속되고 있다.

눈부신 풍광을 지닌 아름다운 섬 제주. 9년 전 '평화의 섬' 선언처럼 더 이상 지난날의 억울한 희생을 되풀이하지 않기 위해서라도 제주를 돌아볼 때 눈에 보이는 멋진 경관과 함께 한 번쯤 제주의 아픈 역사도 찾아보고 짚어 보는 건 어떨까 싶다.

원주 폐사지 여행,
어떠세요?

역사란 즐겁고 유쾌한 과거와 현재의
끊임없는 대화

유홍준은 그의 책 〈나의 문화유산답사기〉에서 다음과 같이 말했다.

"사랑하면 알게 되고, 알게 되면 보이나니 그때 보이는 것은 전과 같지 않으리라!"

학생들을 데리고 답사여행을 하던 중 기차 안에서 차창 밖으로 보이는 풍경을 설명하며 "어떤 성씨의 집성촌이 있는 곳!"이라고 했더니 모두들 졸고 있는 와중에 유독 한 학생만이 눈을 반짝이며 듣고 있더란다. 물어보니 과연 설명했던 집성촌의 성씨와 같더란다.

한번 빠지면 헤어나기 어려운 그것, 바로 답사여행이다. 역사란 그런 것이다. 나와 상관없는 것일 때에는 한없이 따분하고 지겨울 수 있지만, 일단 손톱만큼이라도 인연의 끈이 닿아 버리면 결코 벗어날 수 없는 중독과도 같은 것, 그것이 역사다. 조금 더 발전하면 나와 직접 관련이 없는 것이더라도 유쾌하게 그 시대와 대화도 나눌 수 있다.

사마천은 이를 위해 죽음보다도 더 불명예스러운 거세형도 마다하지 않았고 역사학자 E.H 카 역시 "역사란, 과거와 현재의 끊임없는 대화"라고까지 했다. 한번 빠지면 헤어나기 어려운, 공부를 겸한 색다르고 묘한 취미, 그것이 바로 답사여행이고 그 정점에 폐사지 기행이 있으며 그 점에서 강원도 원주는 빼놓을 수 없는 곳 중 하나이다.

원주는 그 옛날 한반도에 사람이 살기 시작한 이래로 역사와 문화, 교통의 요충지로서 오랫동안 그 중심에 서 있었다. 그래서 원주 사람들은 국토의 배꼽을 자처하며 높은 자긍심을 갖고 있는데 요사이 거리상 국토의 정중앙을 자처하는 양구군과의 다툼은 흡사 경주와 안동의 자존심 싸움까지 닮았다. 신라의 천 년 수도로 역사의 본향임을 자처하는 경주에 대해, 스스로를 공자와 맹자의 고향이라는 뜻의 '추로지향'이라 부르며 경주보다 안동에 국보가 4점 더 많다는 목소리를 내고 있는 것 또한 안동인들 자부심의 표현이다. 당사자들에게야 피하고 싶고 달갑지 않겠지만 보는 이들에게는 은근한 즐거움까지 주는, 문화를 놓고 벌이는 수준 높은 싸움 구경인 셈이다.

이런 내력이 있는 원주 여행의 매력 중 놓칠 수 없는 중요한 포인트 한 가지가 있다. 바로 폐사지 여행이다. 폐사지 즉, 절터야 다른 곳에도 얼마든지 많이 있지만 원주만이 갖고 있는 특별함 두 가지가 더 있다.

하나는 현존하는 부도 중 가장 화려하고 가장 정교하며 가장 아름답다고 하는 지광국사 현묘탑의 원래 자리, 바로 법천사지가 이곳 원주에 있다는 것이다. 석가모니의 진신사리를 모신 곳이 탑이고 법력 높은 고승의 사리를 모신 곳이 부도이다. 탑이란 오로지 단 한 분, 석가모니를 위한 것이다. 그래서 제 아무리 위대한 스님이라 할지라도 결코 탑에는 모시지 않는다. 또 탑은 대부분 사찰의 중앙에, 부도는 절의 구석진 한 켠에 모시게 되는데 탑과 부도는 그 구조와 생김새부터가 완연히 다르다.

이런 이유로 우리가 잘 아는 조선 태조의 스승 무학대사를 모신 곳 역시 탑이라 부르지 않고 부도라 부른다. 한 나라를 창업한 개국시조의 스승인 왕사 조차도 그럴 지경이니 다른 스님들이야 더 말해 무엇하랴! 탑은 탑이고 부도는 부도인 것이다.

그러나 부도이면서도 탑이라 불리는 몇 안 되는 귀한 부도, 그 중에서도 우리나라 제일로 꼽히는 부도 중의 부도가 바로 이곳 원주 법천사에 있었던 지광국사 현묘탑이다. 부도보다는 탑에 가까운 화려함과 아름다움 때문이다. 지금은 경복궁 고궁 박물관의 한 켠에 외롭게 서 있지만 현묘탑이 말끔하게 단장한 모습으로 그 빼어난 맵시를 뽐내던 법천사의 모습을 상상해 보는 것만으로도 원주여행은 이미 즐겁지 않을 수 없다.

두 번째는 온전한 형태의 탑비를 볼 수 있다는 것이다. 지금 우리나라에 남아 있는 탑비는 대부분 비몸돌(비신)은 없고 용머리(또는 거북머리) 받침돌(귀부)과 머릿돌(이수)만 남아 있는 경우가 많다. 수많은 세월과 전란까지 겪으면서 비교적 약한 부위인 탑비의 몸돌이 부서졌거나 일부는 비문의 내용에 불만을 품었던 사람들에 의해 파괴된 경우까지 있었다.

그런데 이곳 원주지역의 폐사지에는 온전히 남아 있는 탑비, 그것도 가장 화려한 형태의 그것을 한데 묶어서 한꺼번에 볼 수 있는 특별한 혜택이 주어진다. 공짜로 말이다. 법천사지에 남아 있는 지광국사 현묘탑비(국보 제59호)와 인근에 있는 거돈사지 원공국사탑비(보물 제78호)이다. 두 탑 모두 천 년이 넘는 세월을 끝내 이기고 온전한 그 모습으로 당당히 서 있다.

법천사는 절터가 있는 곳의 지명이 법천리일 만큼 규모가 큰 거찰이었다고 한다. 인근의 거돈사 역시 그렇다. 그런데 지금은 인적조차 드문 곳이 되어 버렸다. 왜 이런 곳에 절을 지었을까?

그 옛날 이곳은 흥원창이 있던 곳이다. '창(倉)'이란 고려와 조선시대 때 국가가 징수한 곡물을 모아 보관하고 이를 다시 경창(京倉)으로 운송하기 위해 해안이나 강변에 설치했던 국립창고이다. 흥

법천사 지광국사 현묘탑비

원창은 원주 · 평창 · 영월 · 정선 · 횡성 · 강릉 · 삼척 · 울진 · 평해 지역의 세곡을 보관하고 한강수로를 이용하여 서울의 경창(京倉)으로 운송하던 곳으로 전국 13곳에 설치되었던 국가 물류체계의 핵심 기지였다. 굳이 오늘날과 비교하자면 지금의 KTX역과 같은 곳이었던 셈이다.

재화와 사람이 모이고 유통이 활발해지니 경제가 발달했을 것이다. 그 옛날 법천사가 있던 이곳은 모든 것이 풍족하고 흥성거렸던 비옥한 곳이었다. 그러니 겁도 없이 한반도의 중심을 자처하지 않았을까? 하여 국교였던 고려 불교의 거대 사찰이 들어설 적지였을 것이다. 왕의 총애를 한 몸에 받았던 고승을 모시기에도 부족함이 없었을 것이다.

폐사지 여행은 이렇듯 온갖 상상력을 동원해 모든 건물을 짓고 부수며 눈에 보이지는 않지만 도시 하나를 뚝딱 만들고 건설해야 하는 쉽지 않은 고행일 수도 있다. 기껏해야 주춧돌 몇 개 뿐인 건물터와 운이 좋으면 탑이 하나 있을 뿐. 그러나 도시의 북적거림과는 다른, 조용히 과거를 회상하며 미소 지을 수 있는 유쾌한 침묵의 대화가 있다. 특히 찾는 이 없어 고즈넉한 폐허가 주는 이 쓸쓸함을 견디고 즐길 수 있는 용기가 있다면, 그대! 폐사지 여행에 나서라! 원주라면 더 좋다!

1500년 전,
아련한 무왕의 잊힌 왕국

전라북도 익산
왕궁리 유적

예전에 '이리'라 불렸던 전라북도 익산에는 백제의 향기를 간직한 많은 문화 유적들이 있다. 그 중 우리나라에서 가장 크고 가장 오래된 미륵사지 석탑이 알려져 있다. 그로부터 5㎞ 남쪽, 미륵사지 석탑보다 조금 덜 유명하기는 하나 더 많은 신비로움을 간직한 왕궁리 유적지가 있다.

지명 조차 '왕궁리'이니 지금도 이곳에는 백제시대의 왕궁이 있었다는 전설이 전해 내려오고 있다. 조금 더 구체적으로는 백제의 무왕이 사비에서 이곳 익산으로 천도해 나라를 경영했다는 전설이 그것이다. 실제 인근의 미륵사도 무왕이 창건한 것으로 알려져 있으니 어

왕궁리 5층 석탑

딘지 모르게 신빙성도 엿보인다.

그러나 삼국사기를 비롯한 국내외 역사서 어디에도 무왕이 익산으로 천도했다는 기록은 찾아볼 수 없으며 무왕의 바로 다음 왕이었던 의자왕이 나당 연합군에 의해 사비성에서 붙잡혔다는 기록 등을 볼 때 이곳에 왕궁이 있었다는 이야기는 한낱 소문에 불과할 것이다. 왕궁이 여기에 있었다면 의자왕은 사비성이 아니라 이곳 익산의 왕궁에서 붙잡혔어야 하는 것이니 말이다.

그뿐 아니라 왕궁이라는 곳에 떡 하니 5층짜리 석탑까지 버티고 서 있으니 백제가 아무리 불교국가라 해도 왕궁에 탑까지 쌓을 수는 없는 법, 왕궁리의 전설은 그저 허무맹랑한 전설로 치부될 뿐이었다.

그런데 여기에 대반전이 일어났다. 1970년대에 일본 교토의 한 절에서 그동안 없어진 줄로만 알았던 중국 기록 〈관세음응험기(觀世音應驗記)〉가 발견되었고 곧이어 이에 대한 연구결과가 발표된 것이다. 여기에 "백제 무광왕(곧 무왕)께서 지모밀지(곧 지금의 익산시 금마면 왕궁면 일대로 추정)로 천도하시어 새로이 정사를 경영하셨다."는 기록이 발견됐다. 그뿐 아니라 여기에 실려 있던 당시의 기록대로 1965년 왕궁리 석탑의 해체 과정에서 심초석 사리공에 있던 사리장엄 금강경판과 사리병의 내용이 정확히 일치하니 무왕의 천도설은 전설에서 사실로 인정받게 된 것이다.

이에 따라 왕궁리 유적은 1989년부터 지금까지 계속해서 발굴조사가 진행되고 있다. 그동안의 발굴 성과를 정리해 보면 이곳은 백제 무왕대(AD 600~641)에 천도해 왕궁을 건설했다. 남북 490m 동서 245m의 약간 틀어진 네모꼴로 처음부터 치밀한 계획에 의해 1:1 또는 2:1의 비례로 공간을 분할해 만든 왕궁으로 백제 최고(最古)의 정원 유적과 금 · 은 · 유리 등을 생산했던 공방지, 화장실 유적, 그리고 수도 사비성에서만 출토되었던 수부(首部)명 기와 등이 발견되었다.

특히 우리나라 고대 왕궁으로는 처음으로 왕궁의 외곽 담장과 함께, 왕이 직접 정사를 돌보던 정전 건물지를 비롯 14개의 백제 건물터가 발견되었다. 담장은 궁궐 건축의 마무리 단계이니 왕궁리 유적은 명실상부한 백제의 완성된 궁성이었던 것이다.

그럼에도 불구하고 왕궁리 유적은 풀어야 할 난제가 쌓여 있다. 첫째, 왕궁에서 사찰로의 변화 과정이다. 왕궁의 중요 건물을 파괴하고 그 위에 사찰을 건립한 것이 고고학적으로 확인되고 있는데, 이는 사후 인근에 모신 무왕과 왕후의 명복을 빌기 위해 원찰로 활용하기 위함이었다는 설과 사후 무왕 세력의 결집을 약화시키기 위한 것이라는 주장이 양립하고 있다. 수원 화성이 정조 사후 황폐화 된 것을 연상해 보면 좋을 듯하다.

둘째, 5층 석탑의 건립 시기 문제이다. 왕궁에서 사찰로의 변화 시기에 대해서는 대체로 백제 말기로 보고 있으나 이 탑의 건립 연대에 대해서는 백제 말기, 통일신라 초기, 통일신라 말 또는 고려 초 등으로 엇갈리고 있다.

왕궁리 유적을 홀로 지키며 외로이 서 있는 이 탑은 전형적인 백제계 양식을 띠고 있다. 단층 기단과 얇고 넓은 지붕돌 등 전체적으로 부여 정림사탑과 닮아 있어 백제탑으로 보고 있는 것이다. 그러나 탑신부 돌 짜임의 기법과 3단으로 된 지붕돌 층급받침 기법 등이 신라 석탑의 양식을 보이고 있어 통일신라 초기의 것으로 보기도 한다. 또 다른 설로 이곳이 백제의 고토였던 만큼 옛 백제의 양식을 계승하고 신라 양식을 흡수하여 고려 초기에 건립된 탑이라는 주장도 있다.

이는 후백제 견훤의 도읍인 완산(전주)의 지세가, 앉아 있는 개의 형상이므로 도선이 개의 꼬리에 해당하는 이곳에 탑을 세워 누름으로써 견훤의 기세를 꺾어 고려 태조 왕건을 도우려 했다는 향토지 〈금마지〉의 기록에도 부합한다〈한국문화유산답사회 '답사여행의 길잡이' 참고〉. 앞으로 좀 더 정밀한 발굴과 연구로 밝혀야 할 대목들인 셈이다.

1500년의 세월을 넘어 서동요의 아름다운 사랑 이야기를 담고 있는 무왕의 잊힌 옛 왕궁이 이제 조금씩 조금씩 그 신비로운 이야기를 풀어내고 있다. 너른 들을 품고 있어 더없이 풍요로웠던 익산은 이로써 전설 속 아련함마저 더해 가고 있다.

PART 02

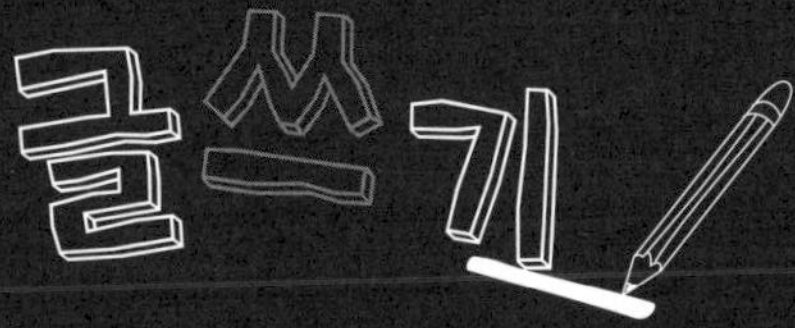

복숭아에 실어 보낸
참 스승에 대한 보답

아들의
선생님

불행하게도 나는 온전하고도 성실하게 받아 온 제도교육 16년을 통틀어 존경스러운 스승을 만나지 못했다. 어렸을 때는 뭘 몰라 그랬고 나이가 좀 들어서는 존경을 느끼기도 전에 그저 하루라도 빨리 이 억압적인 분위기에서 해방되기만을 바랐을 뿐이다. 지금도 학창시절을 떠올릴 때면 늘 입에 달고 다니는 소리가 "군대 다시 가라면 가도 고등학교 다시 가라면 못 가겠다."는 것이다. 오죽했으면 이런 얘기를 다 할까? 암울했던 80년대 초, 시대상황이 그만큼 억압적이었던 것에 더해 신설학교로, 새로운 기풍을 세우겠다는 과욕 때문이 아니었을까 생각해 본다. TV나 신문 등에서도 '촌지'라는 검은 돈으로 인해 야기되는 교육계의 온갖 부도덕하고 부조리한 사건사고 소식들이 끊이지 않았다.

그래서였을까? 나는 교육계에 대해 부정적인 시각이 강했다. 큰아이를 초등학교에 보내 놓고는 학교와 교사로부터 나와 내 아이가 불편 · 부당한 대우를 받는 때가 오기를 은근히 기다릴 정도였다. 그것은 “한 번 걸리기만 해 봐라! 못된 짓 하는 대가를 톡톡히 치르도록 해 주마.”하는 가진 것 없는 자의 일전불사의 시퍼렇게 날 선 의지였다.

그런데 큰아이가 1학년을 중간쯤 보냈을 때부터였으리라. 아이의 담임 선생님에 관한 솔깃한 얘기들이 조금씩 들리기 시작했다. 보통의 선생님들과는 좀 다른 것 같다는 우호적 경험담들이었다.

자신의 억울함을 하소연하고 있는 아이

수업 중에도 아이들이 엄숙하지 않아도 된다는 것이며 수업이 끝나도 교실에 남아 친구들과 노는 것을 좋아해 어머니들이 교실 청소하기가 쉽지 않다는 것, 햄버거에 익숙한 아이들에게 김치 먹는 습관을 들이기 위해 〈김치 주제가〉라는 노래를 같이 부르기도 하고 그래서 1학년임에도 불구하고 그 반은 늘 밥이 남지 않는다는, 급식을 다녀온 어머니들의 한결같은 증언들. 그리고 다른 그 무엇보다도 우선, 단호하고도 공식적으로 촌지를 거부한다는 명료한 선언 등이 아이를 처음 학교에 보내 조마조마한 학부모로서 그리고 그런 마음을 애써 숨기고 강력한 투쟁의지를 드높이던 나에게는 그저 신선하기만 했다.

결국 시간을 내어 학교에 가 보았다. 학부모임을 밝히자 반가워하며 손수 커피 한 잔을 주시고는 이내 수업에 열중하신다. 그러나 뒤쪽에서는 여전히 아이들이 웃고 떠들고 있다. 어느 순간 아이 하나가 쪼르르 앞으로 뛰어 나와서는 선생님께 폭삭 안겨 자신의 억울함을 하소연한다. 선생님은 아이와 눈을 맞추고 끝까지 얘기를 다 들어 주신다. 그리고 수업은 다시 진행된다.

이번엔 소고놀이를 위해 운동장으로 나가서 크게 원을 그리고는 돌아가며 북을 친다. 아이들은 여전히 웃고 떠든다. 소고 치는 방법과 노는 방법을 알려 주어야 하는데 운동장이라 선생님은 악을 악을 쓰신다. 잘 들리지 않기 때문이다. 보는 동안 "저래서 수업이 제대로 될까?" 하는 의구심 마저 일어난다.

그러나 놀라운 사실 하나가 있다. 아이들이 무질서하게 웃고 떠들며 선생님의 이야기에는 전혀 관심이 없는 것처럼 보이기도 하지만 그렇다고 그 때문에 수업이 멈추는 일은 없다는 점이다. 조금 더디기는 하지만 아이들은 선생님의 지도를 잘 따른다. 떠들면서도 선생님의 얘기에 귀 기울이고 있다는 증거이다.

선생님께서도 이미 그것을 잘 알고 계신다. 그러기에 20여 년을 이렇듯 변함없이 수업하고 있는 것이다. 다만 교사의 입장에서 다른 분들보다 '조금 더 귀찮고 힘이 드는 방식'으로 수업을 하고 있는 것뿐이다. 왜냐고? 그것이 아이들에게 더 좋다는 신념이 있기 때문이다.

나는 그 모든 장면 하나하나를 카메라에 모두 담았다. 그리고 그 사진을 선생님의 홈페이지에 올려 드렸다. 나중에 들은 얘기로 사진은 다시 아이들의 수업교재로 사용되었단다. 자기들 모습이 나온 사진을 보고 아이들이 대단히 좋아했다는 얘기도 들었다.

그 후로 나는 더 이상 학교를 찾지 않았다. 학부모와 담임 선생님이 필요 이상으로 자주 만나는 것 역시 오해의 소지를 불러 일으키기 때문이었다. 그 대신 선생님이 만든 홈페이지를 이용해 내 아이에 관해서, 선생님의 교육관에 관해서 공개적인 이야기들을 주고받았다. 학급의 아이들이 단 한 명도 빠지지 않는 연극을 준비하고 공연했다는 얘기도 들었고 1년 동안의 모든 자료들을 모아서 학년말에 문집을 냈다는 소식도 들었다.

그렇게 1년이라는 시간이 흘렀다. 이제 가끔씩, 내 아이의 학급 담임이 아닌 직업이 교사일 뿐인 선생님과 저녁식사도 하고 술도 한 잔

씩 하고는 한다. 서로의 활동에 대해서도 이야기한다. 아이들에게 쉽게 수학을 가르치는 것이 꿈이라는 선생님과 암울한 80년대를 피 끓는 청년학생으로 관통했던 한 학부모에게 앞에 놓인 한 잔의 술은 이야기 속에 그야말로 꿈처럼 녹아 든다. 선생님은 초창기 전교조 가입교사다.

나는 매년 산지에서 직송되는 복숭아를 사 먹고는 한다. 아는 분께서 과수원을 운영하고 있기 때문에 가능한 일이다. 올해 나는 복숭아 두 상자를 주문했다. 하나는 우리가 먹고 하나는 선생님께 선물했다. 친한 선생님과 나눠 드시라는 요구도 잊지 않았다. 작년에도 이렇게 하고 싶었지만 내 아이의 담임 선생님이라 그러지 못했다. 이제 조금은 홀가분한 마음으로 드리는, 뒤늦게 만난 '내 마음의 스승'에 대한 보답이다.

그날 저녁, 복숭아를 선물로 받은 선생님은 두 배가 넘는 술값을 치러야 했다.

일하지 않는 자여!
먹지도 마라!

초등학교 2년생의
멋진 일인 시위

집사람이 결혼 10년 만에 처음으로 아이들을 집에 두고 모꼬지를 갔습니다. 당연하게도 저는 결혼 10년 만에 처음으로 아이들과 한밤을 지새우게 되었지요.

평소 좋아하는 컴퓨터를 못하게 하는 엄마가 집을 비우자 맘껏 게임을 즐길 수 있어서인지 아이들은 오히려 좋아하는 기색이었습니다. 배고프다는 얘기도 없더군요. 그래도 밥은 먹어야 했기에 토요일 점심은 라면으로 해결하고 저녁은 통닭을 한 마리 시켜 맥주 한 잔을 했습니다. 그리고 까무룩 잠이 들었는데 다음 날 들어 보니 아이들은 밤 11시가 넘도록 TV를 봤다고 합니다. 그리고 이른 아침에 일어나 또 신나게 게임을 하고 있었습니다. 물론 저도 거기에 기꺼이 동참을 했지요.

뿅뿅, 쾅, 으악! 두 대의 컴퓨터에서는 총과 대포 쏘는 소리가 끊이지 않았습니다.

얼마나 시간이 흘렀을까? 이윽고 집사람이 돌아올 시간이 다가오고 있었습니다. 슬슬 걱정이 되더군요. 라면 먹은 그릇이며 맥주 마신 잔해 등 온갖 설거지거리들이 부엌을 가득 메우고 있었기 때문입니다. 부엌뿐만 아니라 온 집안이 단 하루 만에 그야말로 폭격을 맞은 듯 난장판이었지요. 남자들 셋이 이룩한 빛나는 성과(?)였습니다. 선뜻 치울 맘이 생기지 않았지만 치워야 했습니다.

저는 설거지를 하기로 맘을 먹고 아이들에게 단호히 말했습니다.

"아버지가 설거지 할 테니까 너희들은 집안을 치워라!"

그릇을 하나하나 씻으며 살짝 곁눈으로 보니 큰놈이 아주 열심히 집안을 치우고 있었습니다. 그리고는 마침내 진공청소기까지 꺼내 들고 나왔습니다.

"야! 그건 안 해도 돼!"

"아녜요! 해야 돼요!"

걱정과는 다르게 엄마가 하던 것을 봐 와서인지 그 녀석은 능숙하게 청소기를 돌리며 구석구석의 먼지를 빨아들였습니다. 순식간에 거실과 자기 방을 다 치우고는 아버지 방도 치우겠다는 것을 간신히 말렸습니다. 그때쯤 저도 막 설거지를 끝냈습니다. 우리는 뭔가 해냈다는 뿌듯함으로 서로를 바라보며 흐뭇한 웃음을 지었지요.

작은놈! 그 놈은 그때까지 꼼짝도 하지 않고 게임만 하고 있었습니다.

슬슬 배가 고픈 것을 느끼고 조금 이른 점심을 차렸습니다. 있는 반찬에 계란볶음밥(제가 할 수 있는 유일한 요리입니다)을 잔뜩 만들어서 한 그릇씩을 나눠 주었습니다. 바로 그때! 큰놈이 벌떡 일어서더니 결연한 표정으로 작은놈에게 다가갔습니다. 그리고 막 첫 숟가락을 뜨고 있던 동생에게 바싹 얼굴을 들이대고는 주먹을 불끈 쥔 다음 공중을 향해 오른팔을 쭉 뻗으며 이렇게 외쳤습니다.

"일하지 않는 자여! 먹지도 마라!"

"일하지 않는 놈은 먹지도 마라!"

그 녀석은 이제 초등학교 2학년입니다. 그러나 좋아하는 노래가 뭐냐고 물으면 노고지리의 〈찻잔〉이나 채은옥의 〈빗물〉이라고 서슴없이 얘기하는 황당한 녀석입니다. 녹색지대의 〈사랑을 할 거야〉를 즐겨 부르고 여진의 〈그리움만 쌓이네〉를 자신도 모르게 흥얼거리기도 하지요.

아버지를 따라다니며 어릴 때부터 봐 왔던 집회 현장 노동자의 힘찬 몸짓과, 차를 타면 자연스럽게 흘러 나오던 민중가요를 나름대로 절묘하게 결합시킨 멋진 1인 시위였습니다.

그 모습을 보고 있자니 문득 저 녀석이 애 엄마 뱃속에서 막 나오려고 요동치던 때가 생각납니다. 1995년 11월 11일이었습니다. 해산일을 앞두고 있던 집사람에게 저는 이렇게 말했습니다.

"애 낳고 있어라! 나는 민주노총 출범식에 가야겠다!"

“가는 건 자유다! 그러나 지금 나가면 다시는 들어오지 마라!”

그래서 결국 민주노총 출범식에는 가지 못했습니다. 그 다음 해 1주년 때에도 녀석의 돌잔치 때문에 참석하지 못했지요.

그 아이가 벌써 이렇게 컸습니다. ‘산맥처럼 당당하고 어떤 일에도 강물 같이 큰 포용력을 지니라!’는 뜻으로 지어 준 ‘산하’라는 이름처럼 무럭무럭 건강하게 잘 자라고 있습니다. 녀석이 대견스럽습니다.

한 잔 술에도 **고구려를 느낀다**

세 발 까마귀와 고구려

설날이나 추석과 같은 명절이 찾아오면 판매되는 민속주 선물세트가 있는데 거기에는 술뿐 아니라 술잔 등이 딸려 오기도 한다. 대개는 그저 별 뜻 없이 마시기 적당한 정도의 것으로 채워지곤 하는데 유달리 관심이 가는 그림이 그려져 있어 따로 보관해 두었던 술잔이 하나 있다.

몇 년이 지난 지금, 술과 술병은 다 마시고 치워 버린 탓에 없어져 버렸지만 술잔은 남아 한 잔 술을 마실 때마다 여러 가지를 생각하게 한다.

술잔에 그려진 그림은 바로 '삼족오(三足烏)'라 불리는 세 발 달린 까마귀이다. 과연 이 세 발 까마귀가 어떤 의미를 담고 있기에 술잔에 그려져 있을까?

현대를 살아가는 지금 우리의 의식 속에서 까마귀는 죽음을 부르는 기분 나쁜 새로 자리 잡고 있지만, 고대의 우리 민족은 까마귀를 '신(神)의 사자(使者)'로 귀히 여겼고 중국에서도 까마귀는 '현조(玄鳥)'로서 북방을 지키는 새로 인식하기도 한다. 이는 북방을 검정색으로 나타내는 오행사상에서 나온 것인데 북방은 수(水)를 차지하고 있고 이 수(水)가 상서로운 탄생과 시작을 뜻하기 때문이다.

그렇다면 신의 전령인 성스런 신물(神物)에 왜 발이 세 개가 달린 걸까? 이는 우리 고유의 삼사상(三思想)에서 유래한다고 보인다. 바로 삼신을 일컫는 것으로 완성의 숫자로 '삼(三)'을 숭상한 것이 그것이다. '천지인(天地人)'이라는 만물의 완성체를 가장 완전한 것으로 인식하여 삼신사상이 유래되었는데 단군조선시대에는 이러한 삼사상에 입각하여 국가의 기틀을 삼조선으로 삼아 일명 마한 · 진한 · 변한으로 칭하기도 하였다.

발(足)이 세 개인 것은 이 삼족오 말고도 '삼족정(三足鼎)'이라는 것이 있어 단군 조선의 유물로 나타나고 있다. '세 발 달린 솥'은 단군왕검시대의 제기(祭器)로서 국가를 다스리는 이념을 표현한 것이다.

이렇게 국가 치도(治道)의 이념을 상징한 것이 '세 발 달린 솥'이라면 군왕 즉, 단군왕검을 상징한 왕가의 문양이 바로 '세 발 달린 까마귀'인 것이다. 발이 두 개인 신의 전령 까마귀는 단순히 천(天)과 지

(地) 즉 신의 뜻만을 전달하는 의미이지만 이 불완성체의 까마귀에 인간을 상싱하는 발 하나를 더 붙여 천지인(天地人)을 의미하는 완성체적인 신의 전령이 된 것이다.

삼족오는 태양에 살면서 태양의 불을 먹고 사는 태양의 전령으로 전설에 나타나는데 태양은 바로 하늘 혹은 밝음을 상징하는 것으로 더 올라가면 환(桓)이 되고 배달(밝달)이 된다.

우리 역사상 이 세 발 까마귀를 가장 많이 표현한 나라가 바로 고구려이다. 고구려 벽화에는 풍속화 · 초상화 · 사신도 등과 함께 성신도(星辰圖: 천체의 그림)가 많은데 성신도에는 해와 달, 별자리 등이 그려져 있고 해 속에는 까마귀가 그려져 있다.

이 까마귀가 바로 삼족오이다. 해 속의 까마귀는 달 속의 개구리(金蛙 혹은 두꺼비)와 한 쌍을 이루고 있는데 까마귀는 검은 색으로 되어 있고 다리가 셋이다. 이 세 발 달린 까마귀는 해의 상징으로 양(陽)을 뜻하고 개구리로 상징되는 달은 음(陰)을 뜻한다. 즉, 음양론의 한 표현이기도 한 것이다.

삼족오는 고구려 쌍영총, 각저총, 덕흥리 1호, 2호 고분, 개마총(鎧馬塚), 강서중묘, 천왕지신총, 장천 1호분, 무용총, 약수리 벽화고분, 그리고 다섯무덤(오회분) 4호묘, 5호묘 등 많은 묘에 그려져 있다.

스스로 하늘에서 내려온 천손족(天孫族)임을 자처하던 고대의 우리 조상들은 하늘과 땅을 이어 주는 이 삼족오를 숭상의 대상으로, 또 신앙의 대상으로 여겼다. 하늘의 뜻을 이어 지상의 왕을 자처하는 단군의 상징물로 이만한 것이 어디 있겠는가?

세 발 까마귀에 대한 신앙심들은 그 후로도 오래도록 이어져 마을 어귀 큰 기둥 위에 새를 조각하여 올려놓았던 솟대에도 형상화되어 나타난다. 신성한 천제단이 있는 소도임을 알리는 표시인 솟대에도 이렇게 한민족 광명신앙의 상징인 삼족오가 올려져 있는 것이다.

고구려가 자신들의 역사라고 생떼를 쓰고 있는 중국의 동북공정을 생각하며, 오늘 저녁 마시는 소주 한 잔에도 나는 웅혼했던 고구려와 드높았던 동방민족의 자부심을 생각한다.

〈위 글은 단지 필자의 간단한 소회를 표현한 것으로 전문적인 역사가들의 견해와 다를 수 있으며, 삼족오에 대한 것은 인터넷의 여러 자료들을 참고했음을 밝힙니다.〉

새내기 학부모를 **잡아라!**

학부모 교육이 필요한 이유

바야흐로 이제 또 새 학기의 계절이 다가왔다. 똘망똘망한 눈으로, 집을 떠나 처음 맞는 학교생활의 기대로 가득 찬 초등학교 1학년 그리고 중학교, 고등학교, 대학교의 모든 신입생들이 그 출발선에서 있다. 그러나 그들만이 출발선에 서 있는 것일까? 아니다. 학부모들 또한 모두 신입생의 심정일 것이다.

아이를 처음으로 학교에 보내는 학부모들은 그런 학부모들대로 또 두 번째 혹은 세 번째 입학을 맞는 학부모들은 또 그런 대로 지금 모두들 기대와 설렘과 우려가 섞인 한 시기를 맞이하고 있는 것이다. 그리고 모든 학부모가 갖고 있는 이 '우려'의 한가운데에 학교에 대한 불신이 짙게 깔려 있음을 우리는 안다.

흔히들 학생과 교사 그리고 학부모를 교육의 세 주체라고 한다. 각각의 역할이 그만큼 중요하다는 의미일 것이다. 학생과 교사야 학교라는 공간 속에서 늘 얼굴을 마주하고 있으니 좋든 싫든 자연스럽게 교육의 당사자가 될 것이지만 학부모는 과연 어떤가? 유감스럽게도 과거에 비해 학부모 운동이 많이 활성화되었다는 현재에도 그들은 결코 주변인의 지위에서 벗어나지 못하며 교육 주체로서의 지위와 역할을 제대로 찾지 못하고 있는 것이 현실이다.

'군사부일체'라는 식의 국민 정서와 과도한 교육열, 열악한 교육환경 등이 학부모를 교육의 객체로 규정짓는 주요한 원인들이다. 이렇게 내 아이를 위한 제도교육으로부터 정서적 · 공간적으로 격리되어 나약해진 학부모들이 할 수 있는 일이란 그리 많지 않다.

고작해야 "내 아이만이라도 잘 봐 달라."는 사정을 할 수 있을 뿐. 물론 '적당한 보답'과 함께 말이다. 그리고 이런 불의의 카르텔은 그렇지 않아도 이미 우월한 지위에 있는 또 다른 교육 주체들(물론 일부의 부도덕한 이들을 말한다)에 의해 길들여져서 결국 '관행'이라는 아름다운 이름으로 포장되어 제도화한다. 그래서 아이의 학교생활에 대해 상의를 할 것이 있어 교사가 학부모를 부르면 학부모는 언제든 달려가 머리를 조아리며 스스로 죄인이 되어야 한다. 만일 빈손으로 갔다면 세상 물정을 전혀 모르고 아이를 포기한 몰지각한 부모가 될 것을 각오해야 한다.

이미 몇 십 년 전부터 자연스럽게 이어져 오던 이런 행태는 앞으로도 나아질 기미는 전혀 보이지 않는다. 성스러워야 할 우리의 교육을 노대체 누가 이렇게 만들었는가? 교육은 '백년지대계'라 했다. 이런 모습이 계속된다면 앞으로 우리 사회의 미래는 없다. 그렇다면 우리 사회의 밝은 미래를 위해서는 어떠한 노력을 기울여야 하는가?

첫째, 학부모가 진정한 교육의 주체로 다시 서야 한다.

교실 청소와 급식당번이나 하는 학부모가 아니라 학교 내에서 일어나는 온갖 부조리에 대해 따지고 개선하기 위해 노력하는 학부모가 되어야 한다. 그로 인해 생길 수 있는 약간의 피해는 감수해야 한다(그러나 실상 강단 있게 따지는 학부모의 아이는 피해를 당하지 않는다).

내 아이가 먹는 학교급식이 과연 고른 영양을 갖추고 있는지, 집에서 만든 것과 같이 신선하며 깨끗한지, 수학여행을 가서 제대로 된 잠자리에서 잠을 자는지, 두 눈을 똑바로 뜨고 국가에서 배정한 교육 예산이 낭비되는 곳이 있는지 없는지를 따져 봐야 한다. 그래서 학생과 교사, 학부모가 세 발 달린 솥처럼 정족지세(鼎足之勢)로 견제하고 균형을 이루어야 한다. 그래야만 이 불의의 카르텔이 조금이나마 흔들릴 것이다.

이렇게 얘기하면 혹자는 "그것도 시간 있고 여유 있는 사람들이나 하는 짓"이라고 말할지도 모르겠다. "맞벌이로 먹고 살기도 힘든 판에 일부러 시간을 내어 학교를 찾아가는 것이 쉬운 일이냐?"고 따질 것이다. 그렇다! 바로 이 속에 두 번째 해법이 필요한 굉장히 현실적인 이유가 숨어 있다.

둘째, 사회를 변화시켜야 한다.

우리 사회의 구성원들은 모두가 학부모이다. 현재 학부모인 사람뿐만 아니라 과거에 학부모였던 사람도 있을 것이고 미래의 학부모도 있다. 그러니 제도교육으로부터 자유로운 사람은 아무도 없다. 따라서 국민 모두가 당사자인 이 국가적인 문제에 대해 국가가 나서서 문제를 해결해야 함이 마땅하다. 학부모가 직장생활을 하면서도 일정 시간 동안 학교를 찾아가 교사와 면담하고 아이의 학교생활에 대해 고민할 수 있도록 법으로 강제해야 한다. 이것이 과연 도저히 실현 불가능한 환상일까? 그렇지 않다.

조금만 인식을 전환해 보라! 예비군과 민방위 교육은 법으로 강제해 교육을 받지 않으면 처벌하고 교육 참석시간은 기업체에서도 근무한 것으로 간주하게끔 법으로 강제되어 있다. 그래서 정착되어 있는 것이다. 그렇다면 아이들의 교육이 예비군이나 민방위 교육보다 덜 중요한가? 중요하다면 중요한 만큼 사회적으로 합의해서 결정하면 된다. 법을 만드는 국회의원에서부터 교육을 담당하는 교육관계자, 그리고 이름 없는 시민들, 모두가 다 우리 아이들 교육의 당사자가 아닌가 말이다.

그럼에도 불구하고 정말 시간이 없는 학부모들을 위해 홈페이지를 만들고 의사소통을 위한 자유게시판의 설치를 강제할 수도 있다. 지금 우리나라의 인터넷망은 가히 세계 최고의 반열에 올라 있다. 그 물적 인프라를 활용하면 된다. '교사와 학부모의 자유로운 의사소통'은 교육당국에서도 틈만 나면 부르짖는 표어가 아닌가? 그런데 왜 지금 각 학교에 설치되어 있는 홈페이지에는 쌍방향 통신이 불가능하고 학교측의 일방적인 공고만 할 수 있게 되어 있는가! 관심과 의지만 있다면 얼마든지 가능한 일이다. 개선해야 마땅한 일이다.

이것은 누가 알아서 해 주는 것이 아니다. 저절로 이루어지는 것은 더더욱 아니다. 오로지 문제를 먼저 인식한 학부모들이 해결을 위해 올바르게 고민하고 실천할 때만이 가능하다. 그 실천의 중요한 한 축으로 매년 새로운 학기가 시작될 때 기대와 우려로 가슴 설레고 있을 새내기 학부모를 위한 교육이 필요하다.

지금 막 출발선에 들어선 새내기 학부모들이 그동안 우리 사회가 쉬쉬하며 향유해 온 그 더러운 관행에 물들기 전에 서둘러 그들을 일깨워 어렵지만 당당하고 가슴 벅찬 이 학부모 운동에 동참시켜야 한다.

이 사업에는 국가를 비롯한 공공기관도 나서야 한다. 퇴직 교장들의 친목을 위해 수 십억 원씩을 쏟아 붓고 있음에도 이에 필요한 예산이 없다면 그야말로 어불성설이다. 따지고 요구해야 한다. 그래야 교육이 바뀌고 세상이 바뀌어 우리 사회의 미래가 열린다.

마침내 첫 전파를 **발사하다**

흥미로운
아마추어 무선의 세계①

내가 어렸을 적만 해도 햄(HAM: 아마추어 무선)은 그야말로 환상의 취미였다. 경제적으로 여유가 있는 사람들의 것이었으며 정부기관으로부터 특별한 허가를 받은 사람들만의 전유물이었다.

무전기는 북에서 온 간첩들이나 갖고 다니는 것으로 생각하던 시대였으니 나와 같이 순수한 민간인들에게 무전기를 들고 다니며 혹은 집에 무전기를 설치해 놓고 아마추어 무선교신을 즐기는 것은 그야말로 선택받은 사람들이 아니면 도저히 불가능한 것이라고 생각할 수밖에 없었다.

그러던 것이 "10년이면 강산도 변한다."는 말을 증명이라도 하려는 듯 규모가 좀 있는 마트나 음식점, 또는 공사장 같은 곳에서 무전기를 갖고 디니며 서로 의사소통을 하는 것을 어렵지 않게 볼 수 있는 시대가 되었다. 무전기가 이제 더 이상 특별한 것이 아니라 일상적인 것이 된 것이다. 전파에 대해 아무것도 모르던 나의 눈에는 그 무전기들이 마냥 신기하게만 보였고 또 그것만으로도 전 세계의 아마추어 무선인들과 교신할 수 있을 것이라고 생각했다.

"음. 저것 재미있겠군! 그래, 나도 한번 해 보자!"

그 결심을 했을 때 내가 햄(HAM)에 대해 알고 있었던 것은 오직 하나! 시험을 봐서 자격을 갖추어야 한다는 것뿐이었다. 인터넷을 뒤져보니 일정 시간 교육을 받으면 두 개의 시험과목이 면제되어 한 과목만 보면 된다고 한다. 나는 부리나케 수강료를 입금하고 교육날짜가 되기를 손꼽아 기다렸다.

"일정 교육시간 이수가 조건이니 대충 졸면서 받아도 되는 교육이겠지 뭐"

이주일 동안 토요일과 일요일 총 4일을 꼬박 수강해야 했으나 이런 마음가짐이라 별 부담은 없었다. 그러나 막상 교육이 시작되고 보니 이건 정말 장난이 아니다. 쉬는 시간까지 쪼개 쓰며 하나라도 더 가르치려 하는 선생님들과 하나라도 더 배우려는 교육생들의 초롱초롱한 눈망울로 강의실은 그야말로 펜 굴러가는 소리만 들린다.

분위기에 휩쓸려서일까? 학생 때 이렇게 공부했으면 장학금을 받았겠다 싶을 만큼 귀 기울여 강의를 들었다. 자체 시험을 봤는데 글쎄 백 점 만점을 받았다. 모두가 박수를 치면서 축하해 주었다. 그러나 아직 진짜 시험이 남았다.

교육을 마친, 다음 주 일요일 아침에 무선관리단에서 자격시험을 봤다. 예상외로 쉽지 않다는 느낌. 그럼에도 불구하고 무난히 합격했다. 그리고 다음 주에 자격증을 교부받고 무전기를 장만했다. 다시 체신청에 무선국 허가신청을 해야 하는데 무전기를 산 곳에서 우편으로 대행해 준다고 한다. 열흘쯤 걸릴 거라고 하면서.

목에서 손이 나올 만큼의 긴 기다림 끝에 드디어 콜사인(CALL SIGN)을 받았다. 이제 정식으로 아마추어 무선인(HAM)이 된 것이다. 본격적으로 교신을 해 보자! 떨리는 마음으로 무전기를 잡는다. 주파수를 '호출주파수'에 맞춘 다음 힘차게 PTT(전파를 발사할 때 누르는 무전기의 버튼)를 누르고 다음과 같이 말한다.

"CQ! 여기는 DS1QCI! 백사십오 쩜 오공에서 수신합니다!"

('CQ'는 'Call to Quickly' 또는 'Come to Quickly'의 약자로 불특정 무선국을 부르는 통신용어이며 "이 신호를 수신한 어떤 아마추어 무선국과도 교신하기를 희망한다"는 의미이다. 'DS1QCI'는 나의 콜사인이고 '백사십오 쩜 오공'은 수신 주파수를 뜻한다. 즉 "나(DS1QCI)는, 지금 내가 보내는 무선신호를 수신하는 그 어떤 무선국과도 교신하기를 희망하니 원하시는 분은 주파수를 145.500으로 맞추고 나와 교신하자!"는 뜻이다.)

그러나 무전기에서는 아무 응답이 없다. 나는 2분을 쉰 다음 다시 또 말했다.

"CQ! 여기는 DS1QCI! 백사십오 쩜 오공에서 수신합니다!"

(교신 실무교재에 한 번 호출을 한 다음에는 2분을 쉬라고 되어 있다.)

그러나 역시 아무 응답이 없다. 혹시나 싶어 산꼭대기로 올라가 CQ를 날려 보기도 하지만 무전기는 속절없이 아무 대꾸가 없다.

"에이~ 첫 술에 배부를 리가 없지. 다음엔 꼭 될 거야. 다음에 다시 해 보자."

아쉬움 속에 무전기를 껐다.

다음 날 다시 시간을 내어 산꼭대기에 올라가 CQ를 날려 보았다.

"CQ! 여기는 DS1QCI입니다. 백사십오 쩜 사공공(145.400)에서 수신합니다!"

응답이 없어 2분 후 다시 말하고 또 응답이 없어 2분 후 다시 말하기를 반복했다. 얼마나 반복했을까? 역시나 아무런 응답이 없다.

"이 놈의 무전기가 고장인가? 혹시 송신이 안 되는 거 아냐? 나는 영영 교신을 못하나 보다. 에휴"

별의별 생각을 다 하면서 내려오는 중에 갑자기 무전기에서 어렴풋이 치지직 거리는 소리가 들려왔다.

"치지직~~ 치지직~~ DS1QCI 여기는 DS1XXX."

상대국 콜사인의 뒷부호는 뭐라 그러는지 하나도 들리지 않고 오직 'DS1QCI'를 부르고 있다는 소리만이 귀에 들어온다. 바로 나를 부르는 소리다! 황급히 무전기를 잡아 들었으나 뭐라고 얘기해야 할지… 그냥 책에서 봤던 대로 뭐라고 뭐라고 하기는 한 것 같다. 그런데 수신이 잘 안 된다고 한다. 서둘러 신호가 잘 나갈 만한 곳으로 이동하여 다시 송신 하였으나 여전히 수신이 잘 안 된다고 해서 어쩔 줄을 몰라 하고 있는데 갑자기 다른 소리가 들린다.

"Break! 여기는 XXXXXXX"

"네! 들어오세요!"

아주 깨끗한 목소리가 친절하게 이것저것을 알려 준다. 아마도 보다 못해 들어 오셨으리라.

처음에는 정신이 하나도 없었으나 나중에 조금 진정이 되자 서로의 콜사인을 확인한다. 처음에 교신을 받아준 OM은 'DS1OBC'이고 두 번째 'Break'를 하고 여러 가지를 알려주신 OM은 'DS1PRB'이다 ('OM'은 남자 아마추어 무선사를 일컫는 용어로 'Old Man'의 약어이다).

드디어 첫 전파를 발사하고, 비로소 본격적인 햄(HAM)의 세계에 첫 발을 내디딘 것이다. 첫 교신의 감격을 안겨 주신 두 분 OM님께 머리 숙여 감사 드린다.

〈햄(HAM)의 진수는 단파를 이용해 전 지구적으로 교신을 즐기는 사람을 말하기도 하고, CW(모오스 부호)를 이용해 교신을 하는 사람을 말하기도 합니다. 저는 이제 겨우 핸디(손에 들고 다니는 휴대전화와 비슷한 무전기)를 갖고 첫 교신에 성공했을 뿐입니다. 무선통신의 선배님들이 보기에 아장아장 걷는 걸음마 정도이겠지요. 그러나 첫 교신의 감격을 가눌 길 없어 감히 글을 올리오니 너그러운 이해를 바랍니다. 한국아마추어무선연맹의 홈페이지는 http://www.karl.or.kr 입니다.〉

역사는 반드시 **진보할 것이다**

노무현 대통령
탄핵에 부쳐

술이나 한 잔 하며 이 울분을 좀 삭여야겠다 생각하고 있는데 집사람이 말한다.

"우리 지금 여의도로 가야 하는 거 아냐?"

서둘러 저녁을 먹고 아이들의 옷을 입힌 다음 지하철에 올랐다. 여의도는 여기서부터 한 시간. 여의도 공원을 지나면서부터 되돌아 나오는 사람들을 만난다.

"혹시 벌써 집회가 끝난 것 아닌가?"

아니나 다를까, 집회는 이미 막바지였다. 준비해 온 담요를 깔고 자리에 앉자 마자 내일 광화문에서의 재회를 약속하며 집회를 정리하고 있다. 그리고 마지막으로 임을 위한 행진곡 합창이 있다. 지금껏 수많은 집회현장에서 수도 없이 불러 본 그 노래에 다시 눈물이 맺힌다.

전철이 끊긴다고 서둘러 집회를 정리한 사회자의 말에 따라 집으로 가는 길, 지하철역으로 가는 순간에도 군중들은 내내 "탄핵 무효! 국회 해산!"을 외친다. 이 외침이 여의도 지하역사 안에서 공명작용을 일으켜 더더욱 선동적이 된다. 철로를 가운데 두고 서로를 마주보고 격려하며 계속해서 구호와 외침이 이어진다. 대장정 기간 중 노정교를 확보하기 위해 협곡을 사이에 두고 양쪽에서 횃불과 구호, 그리고 노래로써 서로를 격려하며 행군했던 홍군의 모습이 이러했을까?

너희들은 모를 것이다.

차떼기 돈다발의 반대급부가 없더라도

이렇게 스스로 모일 수 있는 사람들의 뜨거운 나라 사랑을.

너희들은 모를 것이다.

이들로 인해 민주주의는

계속해서 끊임없이 진보하고 발전한다는 인정키 어려운 사실을.

너희들만 모른다.

너희들이 자랑스러워하는 오늘의 이 탄핵결의가

너희들의 '마지막 저항'이라는 분명한 사실을

조금 느리더라도 역사는 후퇴하는 법 없이 반드시 진보하기 때문이다.

담배 끊는 것이 **가장 쉽더라!**

20년 애연가의
금연 성공기

담뱃값이 얼마가 돼야 담배를 끊겠냐는 것이 요즘 사람들 간의 화제인 것 같다. 정부에서는 국민건강을 위해 담뱃값을 계속 올리겠다고 하고 애연가들은 담뱃값이 얼마가 되든 계속해서 담배를 피우겠다며 이에 반발하고 있다.

이참에 아예 담배를 끊어 버리고 말겠다는 이들도 종종 보인다. 더러워서 끊고 말겠다는 심리가 반영된 것이 아닌가 싶지만, 담뱃값 인상 정책을 추진하는 측에서는 그런 것까지도 계산한 것이 아닌가 하는 생각도 든다.

첨예한 입장 차이에도 불구하고 양측의 주장 속에는 한결같이 일관되게 '담배를 끊는다는 것이 대단히 어렵고 힘든 것'이라는 시각이 내포되어 있는 것 같다. 그러나 과연 그러한가? 나의 경우를 비교해 보면 꼭 그렇지도 않은 것 같아 담배 끊는 것이 무에 그리 어려울까 하고 고개를 갸웃거리곤 한다.

사실 난 고등학교 2학년 때부터 담배를 피우기 시작했다. 조금 이른 감이 없지는 않았지만 또래의 많은 친구들이 이미 그때쯤이면 많이들 겉멋을 부리며 피우고 있었기에 어렵지 않게 끽연의 대열에 동참할 수 있었다. 그로부터 약 20여 년 가까이, 단 한 번도 끊겠다는 결심도 실천도 해 본 적 없이 끽연의 세계에 안착해 있었다. 많을 때는 하루에 두 갑을 피웠다.

남들이 조금 좋은 담배를 피울 때에도 나는 88올림픽을 연상시키는 독한 담배만을 피웠다. 그것이 입맛에 맞았기 때문이다. 사러 가기가 귀찮아 보루로 사다 놓고 피우기 일쑤였고 집안에는 재떨이가 7개나 되었다.

그러던 어느 날 저녁, 잠자리에 누워 있는데 뜬금없이 문득 '담배를 끊으면 어떨까?' 하는 생각이 들었다. 담배를 피우기 시작한 이래 처음으로 해 본 생각이었다. 아내에게 물었다.

"담배 끊을까?"

"나야 좋지! 근데 며칠이나 가려고…"

아마도 금연하기가 어렵다는 것을 익히 들어 알고 있었던 선입견 때문이었으리라. 집사람은 나의 금연 얘기가 못내 의심스러운 눈치였고 작심삼일로 끝나리라 단정하고 있는 듯했다.

"좋아! 내일부터 담배 끊을게!"

담배를 가위로 자른다거나 케이크를 갖다 놓고 식구들이 모두 모여 담배 끊는 것을 축하해 주는 등의 거창한 금연식 같은 것도 없이 금연 선언 후 단 5분만에 까무룩 잠이 드는 것을 시작으로 그렇게 조용히 나의 금연이 시작되었다.

그로부터 벌써 이 년 하고도 두 달이 지났다. 담배 없이 화장실 가는 것이 가장 곤혹스러웠고 늘어나는 몸무게를 주체하기가 어려웠지만 하루 10여 잔이 넘게 녹차를 마시며 견뎠다. 지금도 옆에서 누군가 담배를 피우고 있으면 그 고소한 향기가 나를 유혹하기도 하지만 담배를 끊은 것을 결코 후회하지 않는다.

눈에 띄게 건강과 체력이 좋아졌다는 효과를 확인할 길은 없지만 담배로 인해 식구들과 다툴 일이 없어 좋고 담배와 라이터를 따로 챙겨 갖고 다니지 않아도 되어 좋다. 밥 먹고 난 후 우르르 몰려나가 한쪽 구석에서 눈치 보며 연기 뿜지 않아도 돼 좋고 산행할 때 인화물질 보관함을 관조하며 지날 수 있어 좋다.

담배를 피우지 않는 사람들에게 건강할 권리가 있다면 애연가들에게도 마음 놓고 담배를 피울 수 있는 권리가 있다는 것에 나는 동의한다. 그 가운데에서 지금 담배를 피우고는 있으나 여러 가지 이유로 이제 그만 피우고 싶은 사람들에게 나는, 담배를 끊는다는 것이 여러 곳에서 이야기하는 것처럼 대단히 어렵고 힘들기만 한 것이 아니라 때로는 별 어려움 없이도 성공할 수 있다는 실증적 사례를 들려 주고 싶을 뿐이다.

그래서 이미 여러 번 금연을 계획하고 실행했던 분들에게는 다시 한 번 도전할 수 있는 용기를, 이제 처음으로 금연하려고 시도하는 분들에게는 불가능할 것만 같은 금연에 대한 선입견을 깨는 계기가 되기를 바란다. 금연 선언 이후 단 한 대의 담배도 피우지 않은 사람이 다시 한 번 자신 있게 얘기할 수 있는 한마디는 바로 이것이다.

"담배 끊는 것이 가장 쉽더라!"

※오해의 소지가 있어 밝힙니다. 이 글은 요즘 담뱃값 올리기 한참 전인, 지난 2004년에 써 놓았던 글입니다.

삼만 원이 주는 **행복**

어머니 같은
큰 누이의 사랑

큰누이와 나는 6살 차이가 난다. 내 기억에는 없지만 주위에서 들은 얘기를 종합해 볼 때 어렸을 적 바쁜 어머니를 대신해 큰누이가 나를 돌볼 때가 많았다고 한다. 그래서 "너 돌보느라 내가 학교도 1년 늦게 갔다."는 얘기를 종종 듣고는 했다. 6살 차이가 나는 큰누이와 6학년과 1학년으로 초등학교를 같이 다녔으니 과히 틀린 말은 아닌 듯싶다. 자신이 업어 키웠던 정 때문이었을까? 큰누이는 유난히 내게 관대했다.

그랬던 코흘리개가 세월이 흘러 어느새 두 아이의 아버지가 되었는데, 누이는 생김새부터 나를 쏙 빼닮은 큰아이를 끔찍이 예뻐했다. 이유는 오로지 자신이 업어 키운 동생을 닮았다는 것 한 가지 뿐이라고 그저 짐작만 하고 있을 뿐이다.

어린이날을 앞둔 지난 5월 4일, 큰누이로부터 전화가 걸려 왔다. 통화는 대단히 간결했다.

"야! 네 통장으로 삼만 원 보냈으니까 애들 사고 싶다는 것 사 줘. 절대로 너희들이 써 버리면 안 된다."

알았다고 가볍게 웃으며 전화를 끊기는 했으나 이후 내내 가슴이 찡해 오는 것은 어쩔 수 없었다.

누이는 딸만 둘이다. 유난히 제 엄마를 볶아 우리 내외에게 미움을 받는 큰애가 중학교에 다닌다. 이미 어린이가 아니건만 어린이날이라는 핑계로 또 얼마나 제 엄마를 볶았을까? 딸과 부대끼면서 문득 우리 아이 생각이 났을까?

아니다! 큰누이는 늘 '그 녀석'을 생각해 왔을 것이고 어린이날을 기회 삼아 자연스럽게 마음을 전했을 것이다. 삼만 원은 그렇게 자신이 업어 키웠던 동생과 그 동생을 꼭 빼닮은 조카에 대한 측정하기 어려운 사랑이었을 것이다.

그날, 집사람과 나는 큰누이의 전화 한 통화로 세상에서 제일 행복한 부모가 되었다.

그리고 5월 8일, 어버이날에 우리 식구는 지방에 계신 어머니께 다녀왔다. 손주들 맛있는 것 많이 사 주시라고 미리 준비한 용돈을 드렸는데 이번에는 그것과는 별도로 또 하나의 봉투를 준비했다. 어머니를 모시고 계신 둘째 형수께도 따로 금일봉(?)을 준비한 것이다. 맏며느리의 역할을 다 하고 계신 둘째 형수에 대한 자그마한 마음의 보답이며 큰누이가 보여 준 조카에 대한 사랑으로부터 배우고, 배운 것을 그대로 행하는 보통 사람들의 아름다운 행복 주기이다.

나는 믿는다. 오늘, 삼만 원이 우리 식구에게 주었던 이 가슴 찡한 행복한 느낌은 이후 우리의 삶 속에서 언제나 활짝 웃으며 자리하고 있을 것이라고 말이다.

'조강지차'는 버리지 못한다

십년지기 친구 같은
고물 자동차에 대한 우리 식구의 사랑

옛날 중국의 후한 시대 광무제 때의 일이다. 무소불위의 권력자, 이 세상 모든 것을 소유했던 황제, 광무제에게도 해결 못할 고민이 하나 있었다.

그의 누이가 일찍이 과부가 되었는데 송홍이라는 신하를 마음에 두고 있었다고 한다. 송홍은 미천한 신분이었으나 탁월한 식견을 갖춘 인물로 이미 아내가 있는 몸이었다. 광무제는 송홍을 불러 물었다.

"속담에 말하기를, 지위가 높아지면 친구를 바꾸고 집이 부유해지면 아내를 바꾼다 하였는데 그럴 수 있을까?"

이에 송홍은 서슴지 않고 대답했다.

"신은, 가난할 때 친하였던 친구는 잊어서는 안 되고 지게미와 쌀겨를 먹으며 고생한 아내는 집에서 내보내지 않는다고 들었습니다(臣聞 貧賤之交不可忘 糟糠之妻不下堂)."

이 말을 들은 광무제는 누님이 있는 쪽을 돌아보며 조용한 말로 "일이 틀린 것 같습니다."라고 말하였다 한다. 바로 '조강지처(糟糠之妻)'라는 고서성어의 유래이다. 처지가 조금 바뀌었다 해서 오랜 인연을 헌신짝처럼 버려서는 안된다는 의미일 것이다.

지금 내가 타고 있는 차는 95년식으로 만으로만 따져 봐도 꽉 차게 9년이 다 된 그야말로 '고물차'이다. 나이를 먹어 갈수록 여기저기 손을 봐 주어야 하기도 하고 소모품을 교환해 주어야 하기 때문에 솔찮게 돈이 들어간다. 결정적으로 심각하게 교체를 생각했던 가장 중요한 이유 중의 하나는 바로 빗물이 새는 것 때문이었다.

빗물이 차량의 내부로 흘러들어 와 트렁크에 고이기도 하고 시트를 흠뻑 적셔 놓기도 한다. 그걸 말리느라 시트를 뜯어서 일주일 가량 햇볕에 말린 적도 있으나 그때뿐이다. 시트에서는 항상 장마철 때와 비슷한 꾸리꾸리한 냄새가 난다. "세상에 빗물이 새는 차가 다 있어?" 하고 놀랄 수도 있겠으나 의외로 빗물이 새는 차가 많다고 한다. 그리고 그것을 고치는 작업이 그리 녹록지 않다는 것도 이 차를 운행하면서 새롭게 알게 되었다.

그러던 중, 아주 좋은 조건으로 새 차를 장만할 수 있는 기회가 왔다. 할인이 많이 되기 때문에 여러 모로 유리해 집사람에게 얘기를 했더니 고민 끝에 사자고 한다. 알게 모르게 빗물 때문에 신경이 많이 쓰였던 탓이리라.

그러나 이렇게 저렇게 견적을 뽑아 봐도 지금 나의 수입으로는 도저히 할부금을 감당할 자신이 없었다. 그런데도 아내는 이번 기회가 아니면 언제 또 차를 바꾸겠느냐며 "사고를 치자!"고 한다. 듣고 보니 그도 그럴 듯해 큰 맘을 먹고 신청서를 냈다. 할인되는 것 때문에 당장 계약이 성사되는 것이 아니고 일단 당첨이 되어야 본 계약을 한단다. 그래서 일단 신청서를 먼저 냈다.

그리고는 일이 있어 바로 그 고물차를 타고 한 시간이 넘게 걸리는 거리를 가야 했다. 날씨가 너무 더워 유리창을 닫고 에어컨을 가동했다. 차 안이 조용한 데다 나 혼자뿐이라 그런지 묘한 분위기가 연출되고 말았다. 조용히 명상에 잠기게 되었는데 이 차와 함께 보낸 지난 10년 세월이 그야말로 주마등처럼 눈앞을 스쳐 지나가는 게 아닌가?

처음 새 차로 우리 집에 왔을 때 집사람이 네 바퀴를 모두 두들겨 주며 안전을 기원했던 것이며 고속도로에서 타이어가 터져 온 식구가 몰살할 뻔했던 일, 어렸을 때부터 "너보다 형!"이라고 가르친 덕에 큰 아이가 차를 마치 사람처럼 생각하는 것 하며 운전석 쪽 유리창이 한 번 내리면 잘 올라가지 않아 겨울에 고생했던 기억 등등.

이런저런 생각을 하다 보니 마치 형편이 어려워 우리 집에 맡겨졌다가 미운 털이 박혀 아무 잘못도 없는 친척 동생을 내치는 심정이 되었다. 마음이 심히 어지러워지고 그만 눈물이 핑 돌며 못할 짓을 하는 것 같은 느낌도 들었다. 나는 결국 서둘러 새 차 신청을 철회하고 말았다.

퇴근 후 집사람에게 이런 사실을 얘기하니 조용히 웃으며 나 없을 때 아들과 나눴던 대화 내용을 들려 준다.

"큰애하고 어쩜 그리 똑같아? 차 바꾼다고 했더니 당신 큰아들이 엄마는 우리 차가 불쌍하지도 않냐고 하대!"

말은 그리했지만 나는 집사람의 마음을 잘 안다. 만일 이번에 차를 바꿔 버렸다면 여성 특유의 섬세함까지 겹쳐 나보다도 훨씬 더 아쉽고 서운해 했을 것이다. 일단 빗물이 새는 이 차를 앞으로 몇 년 더 타기로 결정을 하고 나자 가슴은 왜 이리 뿌듯하고 개운한지 마치 훌륭한 선행이라도 한 듯한 기분이다.

우리 동네에는 서울 모 대학의 교수님이 한 분 계신다. 교수노조의 핵심 간부이기도 해 일반에도 많이 알려져 있지만 나하고는 아파트의 입주자대표 활동을 같이 했던 인연으로 친숙하기도 하다. 그 분의 차는 우리 것보다 크기도 더 작거니와 나이도 훨씬 더 먹었다. 오며 가며, 주차되어 있는 그 귀여운 차를 볼 때마다 교수님 식구분들이 그 작은 차가 자신들을 태우고 큰 고장 없이 잘 다녀 준 것에 대해 더없이 고마워하던 모습이 떠오른다.

나 역시도 오래도록 이 차에 대해 고마워하며 환하게 웃을 수 있게 되기를 진심으로 바란다.

"조강지차는 버리지 못한다!"

아버지, **다음에 또 와요!**

식구들과 함께한
주말 영화 구경

7월 4일 일요일. 아침 일찍 일어나 비를 맞으며 동네를 한 바퀴 뛰고 왔다. 그리고 잠시 무전기를 잡으니 아는 OM님이 영화를 보러 가신단다(아마추어 무선 동아리 활동을 하고 있다).

"영화?"

그래! 우리도 영화 보러 간 지 꽤 되었지. 떡 본 김에 제사 지낸다고 집사람에게 영화 보러 가자고 하니 좋은 영화가 있으면 그러자고 한다. 인터넷을 뒤져 보니 우리 온 식구가 볼 만한 것이 있기는 한데 12세 이상이다. 우리는 큰아이가 10살, 또 작은아이가 7살이다. 그러니 볼 수 없을 것이라고? 천만에! 우리 내외의 걱정은 따로 있었다.

큰 녀석이야 덩치가 엄마만 하니 어쩔 수 없이 자리를 하나 잡을 수밖에 없으나 둘째는 애매해서 이 녀석의 표를 사느냐 마느냐 하는 것이 문제였던 것이다.

"애는 어차피 잘 거니까 내 무릎에 앉히면 돼. 6,000원이면 애들 짜장면이 두 그릇이야!"

"6,000원 갖고 극장 입구에서 들어가도 되니 마니 그러고 싶지 않으니까 그냥 표 사서 편하게 보자!"

이렇게 극장으로 향하는 내내 집사람과 나의 입씨름이 이어졌다. 그러나 매표소에 붙어 있는 안내문 한 장이 이 모든 논쟁을 간단히 정리해 주었으니 "3세 이상은 모두 표를 사야 한다."는 문구가 바로 그것이었다.

입장시간을 기다려 극장으로 들어가는데 어떤 아주머니가 아이들의 표를 끊지 않고 그냥 데리고 들어가는 것이 눈에 띄었다. 애써 모른 채 지나치려 하는데 그냥 넘어갈 집사람이 아니다.

"봐! 그냥 들어가잖아!"

호호호. 그러나 어쩌랴! 이미 표는 사 버린 것을. 억지로 우기면 둘째 아이 하나쯤 그냥 데리고 들어가지 못하란 법이 없을까마는 좁은 극장 의자에서 아이까지 무릎에 앉히고 두 시간 가까이 있을 생각에 영화를 좀 편하게 보라는 마음에 일부러 네 장의 표를 산 것임을 집사람은 알까.

영화가 시작되었다. 역시 웅장한 소리와 함께 큰 화면으로 보니 영화를 보는 맛이 다르다. 큰애도 무척 재미있다고 한다. 그렇다면 작은 애는? 아뿔싸! 작은 애는 코까지 골며 자고 있다. 그것도 옆에 앉은 젊은 연인에게 미안할 정도로 크게.

그러나 나는 칭얼대지 않고 곱게 잠들어서 엄마가 기분 좋게 영화 감상을 할 수 있게 해 준 녀석이 고마울 뿐이다. 옆의 젊은 연인들은 영화를 보는지 마는지 그저 서로 쳐다보기에 바빴다. 아마 그들도 결혼해서 애를 낳아 보면 이런 아이를 가진 부모의 마음을 알겠지?

돌아오는 차 안에서 큰아이가 말한다.

"아버지! 정말 재미 있어요. 다음에 또 와요!"

"그래요! 아버지 진짜 재미 있어요!"

"야! 너는 코 골고 잤으면서 뭘 안다고 그래!"

아이들이 나누는 이야기 속에서 집사람과 나는 빙그레 미소 짓는다.

역사의 현장으로

온몸을 던져 역사가 된 의사

큰 의사
노먼 베쑨을 아십니까?

문익환 목사님의 전기를 읽고 그 출판사에서 행한 설문조사에 응한 적이 있다. 그랬더니 그것이 당첨되어 또 다른 책 한 권이 공짜로 배달되어 왔다. 바로 노먼 베쑨의 일대기였다.

간단하게 쭉 훑어보니 캐나다인 의사로 스페인 내전에 참여했다는 등의 소개가 있어 대충 덮으려 했다. 우리에게 그다지 익숙지 않은 캐나다인이라는 것이 흥미롭기는 했으나 스페인 내전에 대해서는 그다지 별 관심이 없던 터였다.

그런데 그가 20세기 초반 중국과도 인연이 있다는 대목에 이르러서는 그냥 손을 놓을 수가 없었다. 우리와도 관련이 있을 수 있기 때문이었다. 그렇게 책을 읽기 시작한 이후 노먼 베쑨은 내게 잊을 수 없는 감동으로 다가와 몇 번이고 눈물을 훔치지 않을 수 없었다.

대개 존경하는 의사로 우리나라에서는 슈바이처를 떠올린다. 알려진 바와 같이 그는 자기희생과 봉사정신의 훌륭한 모범으로 그를 폄하하거나 그의 명성을 깎아 내릴 생각은 전혀 없다. 그러나 당혹스러운 것은 그의 의료봉사활동이 당시 아프리카를 분할 지배했던 제국주의 백인우월주의자의 시각에서 크게 벗어나지 못했다는 점이다. 그는 자신이 평생을 다해 보살핀 원주민의 비참한 상태가 어디에서 기인하는지 몰랐고 알려고 하지도 않았으며 그런 일이 의사의 과제가 된다고는 생각지 않은 것 같다. 그의 숭고한 의료봉사활동은 순전히 개인적인 동정심의 발로였으며 그 밖으로는 한 발짝도 나가지 못했던 것이다.

지금도 많은 의사들이 이런 봉사활동에 열정적으로 참여하고 있다. 본질적으로 이들의 의료행위 역시 슈바이처의 봉사와 크게 다르지 않다. 그러나 돈이 없어 치료를 받지 못하는 가난한 민중들을 위한 국가의 의료체계를 언제까지 이렇듯 의사들의 개인적인 동정심에 호소할 수는 없다.

노먼 베쑨이 위대한 이유는 치료가 필요한 모든 이들이, 필요한 시기에 차별 없이 즉각적으로 조치를 받을 수 있도록 사회를 변화시키고자 노력했으며 온몸을 던져 이를 실천했다는 것에 있다. 그의 행적을 간단하게 살펴보자.

1890년 캐나다 온타리오에서 태어난 그는 36살이 되던 1926년에 의사임에도 불구하고 결핵에 감염되어 요양원에 들어가 조용히 죽음을 기다렸다. 그러던 중 당시로서는 완전한 신기술이며 검증되지 않았다는 이유로 시술되지 않았던 인공 기흉술을 자청해 기적적으로 소생했고 이어 세계적인 흉부외과의사인 아취볼드 밑에서 일하면서 '늑골박리기', '베쑨 기흉기', '기계팔', '베쑨 늑골절단기' 등의 의료기기를 개발해 결핵의 외과 처치에 커다란 업적을 남긴다.

1935년에는 러시아를 방문하고 돌아와 의료혜택이 절실히 필요한 사람들에게 의료혜택을 제공하려는 목적으로 '몬트리올 국민보건그룹'을 창설하고 아메리카 흉부외과학회의 정회원이 된다. 그리고 이듬해인 1936년, 그는 보장된 안락한 삶을 버리고 북미 스페인 민주주의 원호위원회가 파견하는 의료지원단을 이끌고 스페인으로 간다. 그곳에서 이동식 혈액은행을 설립해 전시의료분야를 개척한다.

이는 환자가 있는 곳으로 의사가 가야 한다는 자신의 신념을 지키려는 노력임과 동시에 당시 의료계에서는 전혀 새로운 방식이었다. 후일 밝혀진 바에 의하면 노먼 베쑨의 이 방식으로 인해 그 전보다 약 75퍼센트의 생명을 더 구했다고 한다.

1938년, 그는 스페인보다 더 열악한 조건에서 파시스트 침략자들에게 맞서 싸우는 중국 의료봉사대에 자원, 일본군에 포위되어 있는 해방구 진찰기(晉察冀) 지역 팔로군 의료 책임자 및 진찰기 통일전선정부 의료고문으로 임명되었다. 이후 전선 기동의무대를 조직해 최전선을 누비며 헌신적인 의료활동을 펼치는 한편 송암구 시범병원(후일 베쑨국제평화병원으로 명명)을 비롯하여 20여 곳의 기지병원을 설립해 유격전

의료체계를 혁신함으로써 중국 민중의 영웅으로 추앙을 받았다.

그러던 중 이듬해인 1939년, 수술 중 손가락 감염에 의한 패혈증으로 11월 13일 정현 황석구에서 49세의 나이로 마지막 순간까지 그가 돌보던 부상병들의 안위를 걱정하며 조용히 세상을 떠났다.

"중국인들은 에드가 스노우를 근대 중국 역사에서 4명의 위대한 인물 가운데 하나로 칭송하는데 나머지 3명은 모택동과 주은래 그리고 2차 세계대전 중 중국인 병사들의 목숨을 구하기 위해 자신을 희생한 캐나다 의사 노먼 베쑨 박사이다(역자 후기 중에서)."

"질병을 돌보되 사람을 돌보지 못하는 의사를 작은 의사(小醫)라 하고, 사람을 돌보되 사회를 돌보지 못하는 의사를 보통 의사(中醫)라 하며, 질병과 사람, 사회를 통일적으로 파악하여 그 모두를 고치는 의사를 큰 의사(大醫)라 한다고 했다. 이 책은 그것이 세균이든 사회체제이든 인간의 건강과 생명을 좀먹는 것이라면 그 대상을 가리지 않고 온몸으로 맞섰던 진정한 큰 의사, 노먼 베쑨의 전기이다(추천사 중에서)."

백구은(白求恩 White Seek Grace)선생이라 불리며 중국인들의 존경을 한 몸에 받았던 노먼 베쑨. 그가 이루고자 했던 숭고한 인간사랑의 정신, 그와 함께 새로운 중국을 건설했던 70여 년 전의 위대한 전사들 그리고 지금, 남의 나라 역사까지도 함부로 왜곡하려 드는 동북공정의 중국이 모두 다 겹치며 씁쓰레한 마음을 금할 길이 없다.

'한국의 미'
그것은 진정 무엇인가?

최순우의 한국미 산책
〈무량수전 배흘림기둥에 기대서서〉

중국의 만리장성이나 자금성을 직접 보게 된다면 어떤 느낌일까? 일본의 잘 가꾸어진 전통정원을 보게 된다면 그것은 또 어떤 느낌일까?

사람에 따라 조금씩은 다르겠지만 상당히 이질적인 느낌을 받을 것 같다. 중국의 것에서는 크고 장대하다는 느낌을, 일본의 그것에서는 사람의 손길로 인해 정교하게 재단되었다는 감탄이 나올 법도 하다.

그렇다면 한국의 문화와 문화재에서는 과연 어떤 느낌을 받을 수 있을까? 대단히 실망스럽겠지만 놀랍게도 우리나라의 문화와 문화재에서는 그 어떤 경탄이나 감탄을 받을 만한 것이 많지 않다는 것이 개인적인 생각이다. 그냥 '눈으로 보이는 것'만을 본다면 말이다.

우리가 그토록 자랑스럽게 여기며 세계에 자랑하는 경복궁이나 창덕궁은 북경의 자금성에 비하면 그야말로 초라한 수준이며, 한국 정원의 대표로 불리는 담양의 소쇄원이나 창덕궁의 후원 역시 일본의 잘 다듬어진 정원에 비교해 보면 그다지 감동을 주지 못할 것만 같다. '눈에 보이는 대로만' 본다면 말이다.

한국미의 진정한 아름다움은 그 속에 있는 한국민의 독특한 정신세계 즉 자연과 어우러지려는 노력과 배려, 여유를 모르고서는 절대로 느낄 수가 없다. 돌 하나, 나무 한 그루에도 나름의 의미를 부여하고 아끼며 그 속에서 삶의 깨달음을 얻고자 했던 선조들의 부단한 정성들을 이해하려 하지 않는다면 그저 중국의 그것보다는 작고 일본의 그것 보다는 촌스럽게 보일 뿐이다.

이런 열등감을 극복하기 위해서는 나름의 공부와 노력이 필요한데 이렇게 한국의 미를 제대로 보고 느끼고 싶을 때 길잡이가 될 수 있는 것 가운데 하나가 바로 이 책 〈무량수전 배흘림기둥에 기대서서〉이다.

"평소 누군가로부터 어떻게 하면 우리 미술과 문화재에 눈을 뜰 수 있냐?"는 질문을 받을 때면 나의 문화유산 답사기를 썼던 유홍준은 지체 없이 "좋은 미술품을 좋은 선생과 함께 감상하며 그 선생의 눈을 빌려 내 눈을 여는 길"이라고 대답하곤 한다.

그때의 선생은 사람일 수도 있지만 대부분 책인 경우가 많다. 그리고 그 좋은 선생, 좋은 책으로는 "최순우 선생의 〈무량수전 배흘림기둥에 기대서서〉 이상이 없다는 대답까지 해오고 있다."며 이 책을 읽어 보고 한국의 미를 제대로 느껴 보라 권하고 있다.

한국의 미, 그것은 진정 무엇인가? 저자가 책 속에서 밝힌 한 대목을 그대로 적어 답을 대신해 본다.

"한국의 주택은 일본의 주택처럼 아기자기한 그리고 신경질적인 짜임새나 구조적 기교미를 자랑하지는 않는다. 인위적인 쩨쩨한 조산(造山)이나 이발한 정원수로 뜰을 가꾸지는 않는다. 그리고 중국의 집처럼 호들갑스럽지도, 번잡스럽지도 않으며 절대로 장대 따위를 꿈꾸지도 않는다. 한국의 주택은 조촐하고 의젓하며 한국의 자연 풍광과 그 크기가 알맞다."

이 가을, 한국의 미를 제대로 한번 느껴 보자!

매화향에 취하고
친절한 마음씨에 취하고

천 리 밖에서 받은
따뜻한 도움의 손길

날이 저문 캄캄한 낯선 여행지에서 잠잘 곳을 구할 수 없다면 얼마나 당황스러울까? 더구나 혼자가 아닌 식구들과 함께 있는데 말이다.

거기에 더해 아이의 몸이 불덩이처럼 열이 오르고 먹은 것마다 모두 토해내는 심각한 상황이 겹쳐진다면 즐겁자고 떠난 여행은 이미 고역 중의 고역일 것이다.

그렇게 아무 정신 없이 어찌할 바를 모르고 허둥대며 갈피를 잡지 못하고 있을 때, 전혀 기대하지 못했던 곳에서 누군가 따뜻한 도움의 손길을 조용히 내민다면 아마도 그 고마움은 여행지의 아름다운 추억과 함께 오래도록 잊히지 않을 것이다. 엊그제 실제로 겪었던 그런 사례가 있어 소개하고자 한다.

2005년 4월 3일부터 5일까지는 일요일과 식목일 징검다리 휴일이었다. 중간이 되는 4일(월요일)이 마침 아이들 학교의 자율휴업일이어서 작심을 하고 회사에 하루 휴가를 낸 다음 오붓한 가족여행을 떠났다. 맘속에 언젠가 꼭 한번 가 보고야 말겠다고 점 찍어 두었던 섬진강 여행이었다.

진안의 마이산을 거쳐 산수유로 유명한 구례의 산동마을과 화엄사, 연이어 하동의 쌍계사와 화개장터를 둘러보고 강을 건너 청매실 농원, 다시 강을 건너 소설 〈토지〉의 고향 평사리까지 보고 나니 어느새 어둠이 까맣게 내려앉아 있었다. 강행군이었다. 이제 어디선가 잠잘 곳을 찾아야만 했다.

벚꽃축제까지는 아직 며칠 시간이 남아 있던 터라 빈방 구하기가 그리 어렵지 않을 것이라 생각했는데 하동 읍내를 몇 번이나 빙 둘러 보아도 방이 없다. 하루 종일 돌아다닌 탓에 배는 고프고 어서 빨리 쉬고 싶은 심정인데 말이다.

거기에 더해 어제 저녁부터 심상치 않던 큰아이는 물만 먹어도 다 토하고 열은 열대로 펄펄 끓는다. 덕분에 다른 식구들이 이곳저곳 구경을 다니는 사이에도 큰애는 하루 종일 차 안에서 잠만 자야 했다.

하여간 약을 먹이려고 해도 약이 독한 탓에 일단 밥을 먹여야 했기에 숙소는 둘째치고 급한 대로 식당부터 찾았다. 온통 재첩국 천지

속에 용케 김치찌개와 된장찌개를 하는 곳이 있어 차를 세웠다.

집사람은 곰탕, 작은 아이는 비빔밥, "그래도 하동까지 왔는데" 하며 나는 재첩국을 주문했다. 큰아이는 밥 한 숟가락에 물만 말아 먹이기로 했다. 그러면서도 오직 어서 빨리 고픈 배를 채우고 잠잘 곳을 찾아야겠다는 생각뿐 솔직히 맛은 별로 기대하지 않았다. 왜냐하면 '맵고 짤 것'이라는 선입견 때문이었다.

재작년인가 경상도 내륙지방을 여행하면서 음식이 입에 맞지 않아 크게 고생했던 기억이 생생한 탓에 밥 먹는 것도 마냥 기쁘지만은 않고 은근히 걱정부터 앞선 것이 사실이었다. 그런데 주문한 음식들이 예상과는 달리 전혀 경상도스럽지가 않았다(경상도 음식을 폄하하려는 생각은 전혀 없습니다. 단지 지역적인 특색을 표현하다 보니 이렇게 된 것뿐이오니 오해 없으시기 바랍니다). 시장이 반찬인 탓인가 싶어 집사람에게 물어보니 곰탕도 먹을 만하고 비빔밥도 맛있다고 한다.

"하하! 식당은 제대로 찾았나 보다!" 하면서 열심히 밥을 먹고 있는데 주인인 듯싶은 아저씨 한 분이 오셔서 이것저것 얘기해 주신다.

"곰탕시키셨지예? 잘 하셨심더. 우리 집 곰탕은 사골을 푹 고아서 제대로 만든 것이라예! 억수로 맛있으니까네 맛나게 드이소!"

아저씨는 큰아이를 보시고는 묻는다.

"야는 와 안먹심니꺼?"

"예. 이 녀석이 좀 아픕니다. 아주 심하게 체한 것 같습니다."

"그라예! 그라몬 지가 아주 특효약이 있는데 한번 먹여 보실랍니까?"

하시면서 뭔가 시커먼 젤리 같은 것이 담긴 조그만 유리병을 갖고 오셨다. 매실 엑기스라고 하는데 먹기 싫어도 꼭 먹어야 한단다. 병원에서 이미 편도선염이라는 진단과 함께 약까지 받아 든 터라 선뜻 받아들이기가 뭐했지만 매실액이 체한 데 좋다는 얘기를 들어 보았던 터라 아이에게 꾹 참고 먹으라 했다.

큰아이는 얼굴을 찡그리면서도 잘 먹었다. 옆에서 음식을 나르던 아주머니께서도 등을 두들겨 주시고 손도 따주셨다. 엊저녁 집사람이 했을 때처럼 역시나 피가 잘 나오질 않는다.

“심하게 체했나 보네예. 인자 괜안을 겁니더.”

자신이 잘 체하기 때문에 아예 손 따는 기구를 갖고 다니신다는 아주머니가 씩씩하게 말씀하셨다. 주인 아저씨는 옆에서 빙긋이 웃고만 계셨다. 나는 이왕지사 신세 지는 김에 잠잘 곳도 부탁을 드려 보았다.

“혹시 저희 한 식구가 묵을 만한 곳이 있을까요?”

“요새 관광철이라 아마 방이 없을 낍니다. 그라도 함 알아볼 테이니까네 식사나 하고 계시소.”

잠시 후.

“다른 곳은 방이 엄꼬 여가 하나 있다꼬 하네예. 제 친척 동생이라 했으니까네 이리 가시면 될 낍니다. 여가 새로 지은 곳이라 깨끗해가 식구들이 하루 저녁 잠자기 괜안을 낍니다. 혹시라도 방값을 더 달라카믄 지한테 전화 하이소!”

저녁을 다 먹고 아저씨께서 일러 주신 곳으로 갔더니 그새 다시 여관의 카운터로 전화가 왔다. 내용을 들어 보니 잘해 드리라는 당부인 것 같다. 덕분에 원래 요금보다 2만 원이나 더 싸게 방 값을 치르고 객실로 들어갈 수 있었다. 말씀대로 깨끗해서 아이들이 더 좋아한다. 침대에서 뛰고 난리다.

그런데 어라? 잠깐 느끼지 못했는데 큰 녀석의 혈색이 좋아졌다.

"야! 너 괜찮으냐?"

"네! 다 나았어요!"

체한 것에 매실이 좋다더니 매실의 효과가 과연 이런 것이구나! 새삼 감탄하지 않을 수 없었다. 집사람도 놀라며 이내 안심하는 눈치다. 사실 큰아이 걱정에 구경다운 구경도 못하고 분위기마저 냉랭하던 차였다.

순간 상황이 이렇게 잘 풀리지 않고 어려워졌더라면 어떻게 됐을까 하는 상상을 한번 해 본다. 저녁은 먹는 둥 마는 둥 대충 끝냈을 테고 큰 녀석은 계속 열이 났을 것이다. 약은 먹었겠지만 쉽게 회복되지 않아 아마도 밤새 뒤척이며 잠 못 이루고 힘들어 했을 것이고 녀석을 지켜보는 집사람과 나도 역시 마찬가지였을 것이다. 그러고 나면 다음 날 일정도 다 무효가 되고 서둘러 집으로 돌아와야 했을 것이다. 애써 맘 먹고 결행한 가족여행은 그걸로 엉망이 되었을 것이다. 식당 아저씨의 친절 하나가 우리 식구의 '행복여행'을 되찾아 준 것이다.

다음 날 아침, 서둘러 숙소를 나와 식당으로 향했다. 반가워하시며 아이 걱정부터 하신다. 고맙다는 말씀을 드렸더니 당신 손주도 요만하시다며 껄껄 웃으신다.

진주를 거쳐 서울로 돌아오는 짧지 않은 시간 동안 집사람과 나의 입가에는 내내 빙그레 미소가 떠나지 않았다. 길이 조금 막혀도 짜증스럽지 않았으며 즐겁고 상쾌한 기분으로 봄기운을 만끽할 수 있었다.

그것은 오직 서울에서 천 리나 멀리 떨어진 머나먼 하동이라는 물설고 낯선 곳에서 느낀, 어렵고 곤란한 상황에서 헤매고 있을 때 내민 따뜻한 도움의 손길 때문이었다.

하동읍내 유성식당 김00 아저씨께 깊은 감사의 마음을 전한다.

독주예찬
(獨酒禮讚)

혼자 먹는 술이
더 맛있다

나는 집에서 혼자 술을 마시는 편이다. 그것도 아주 즐겨서 자주 마시는 편이다. 물론 주위에서는 '알콜중독 2기 증상'이라는 둥 '정말 위험한 것이 혼자 마시는 술'이라는 둥 말이 많지만 그 어떤 협박과 회유도 통하지 않을 만큼 혼자 마시는 술은 달콤하다.

혼자 마시는 술의 좋은 점은 우선 술에 취해 횡설수설하는 상대방의 이야기를 듣고 있어야 하는 괴로움이 없다는 것이고 서로 다른 의견이 있을 때 소리소리를 지르며 억지 부리는 상대방을 이해시켜야 하는 어려움도 없다는 것이다. 물론 상대방은 나의 설득에 귀 기울이지도 않을뿐더러 이해도 잘 하지 않는다. 또 2차, 3차로 이어져 다음 날까지 괴로워하지 않아도 되고 밤늦은 시간에 잡히지 않는 택시를 향해 제발 서 주기를 애원하지 않아도 된다.

그저 조용히 아이들의 장난을 보면서 한 잔을 기울이고 집사람의 얘기에 또 한 잔을 기울인다. 그도 저도 아니면 지나온 세월을 반추하고 빙긋이 미소 지으며 한 잔을 들이킨다. 술을 다 마시고 나서는 자리를 툭툭 털고 일어나 몇 걸음을 옮긴 다음 푹 쓰려져 그대로 잠이 들면 그만이다.

다음 날 아침엔 십 수 년을 갈고 닦아 이미 경지에 오른 집사람의 해장국이 모락모락 김을 피우며 다소곳이 앉아 나를 기다리고 있다 (집사람은 일주일치 해장국을 미리 끓여 놓은 다음 아침마다 데워서 준다고 한다).

저녁상의 반찬에 따라 술의 종류가 달라지고는 한다. 찌개라든가 고기반찬이라도 오르는 경우에는 소주가 제격이다. 상추쌈을 한 입 우겨 넣고 소주 한 잔을 털어 넣은 다음 "캬~" 하는 사자후를 토할 때면 아이들은 궁금하다는 눈빛으로 내게 묻는다.

"아버지 술이 맛있어요?"

집사람의 기분이 좋지 않다거나 특별한 것이 없다면 맥주가 좋다. 특히 감자칩 한 봉지와 1.6리터의 궁합이 제격이다. 날씨까지 후덥지근해 꿀꿀한 기분이 들 때 시원한 맥주 한 잔은 표현키 힘든 청량감을 준다. 아쉬운 것은 1.6리터는 양이 조금 부족하다는 것.

부족한 2%를 채우기 위해 나름대로 머리를 굴려 유리병에 든 것으로 세 병을 사 왔더니 집사람이 대번에 일갈한다.

"어이구! 그거 조금 더 마시려고 병으로 사 왔구먼!"

요즘엔, 아이들과 같이 먹을 겸 통닭을 시켜 먹는다. 그것도 꼭 생맥주를 배달해 주는 곳으로 시킨다. 병맥주와는 달리 신선한 맛이 살아 있어 그 상쾌함이 음주의 즐거움을 더해 주기 때문이다. 그런데 자주 먹다 보니 들어가는 돈이 좀 된다.

"통닭은 빼고 생맥주만 배달해 주면 더없이 좋을 텐데"

궁리 끝에 호프집에 직접 가서 사 오기로 했다. 조금만 다리품을 팔면 맛있는 생맥주를 집에서 먹을 수 있는데 그 생각을 왜 아직까지 하지 못했는지 참으로 모를 일이다. 아니, 아마도 집사람은 알고 있었는지도 모른다. 다만 알려 주지 않았을 뿐.

2리터짜리 생수병에 시원한 생맥주를 가득 담아서 집으로 돌아오는 길!

세상은 나를 보고 웃는다.

말썽쟁이 큰 녀석, **형제애를 업고 달리다**

6.10 시민달리기대회에서
생긴 일

1987년 6· 10항쟁을 기념하여 해마다 열리는 시민달리기대회가 있습니다. 그날을 기념한다는 의미에서 달리는 거리도 6.1㎞입니다. 시간 제한도 없으니 식구들과 함께 와서 즐거운 시간을 보내라는 뜻인 듯도 합니다.

물론 대회와 관련하여 다채로운 행사도 많이 있습니다만 다른 그 무엇보다도 더 참가자들을 기쁘게 하는 것은 참가비가 공짜라는 것입니다. 한 푼도 내지 않으며, 참가비를 내는 대회보다 훨씬 더 흥겨운 한마당이 바로 이 6• 10항쟁 기념 시민달리기 대회입니다.

네 식구 가족단체로 달리다

우리 식구도 참가신청을 했습니다. 초등학교 4학년과 1학년에 다니는 아이들까지 총 4명이 가족단체로 참가하기로 했습니다. 신청을 해 놓고 보니 한편으로 걱정이 되는 것도 사실이라 대회 전 수시로 아이들에게 연습 좀 하라고 얘기해 두었습니다. 그러나 아이들은 한 귀로 듣고 한 귀로 흘리는 기색이 역력했습니다. 힘들면 걸으면 그만 아니냐는 배짱이었습니다.

드디어 대회일인 12일! 대회가 열리는 상암동 월드컵공원에 조금 일찍 도착해 기념티셔츠를 받고 배번을 달고는 출발을 기다렸습니다. 둘째 녀석에게 물었습니다.

"야! 완주할 자신 있냐?"

"네! 자신 있어요!"

녀석이 주먹을 불끈 쥐며 씩씩하게 대답합니다.

그리고 이어 큰아이에게 물었습니다. 그러나 녀석의 힘없는 대답은 의외였습니다.

"자신 없어요. 완주 못할 것 같아요."

드디어 출발!

작은 녀석은 힘차게 앞으로 달려 나갑니다. 그러자 큰 녀석이 뒤에서 소리를 지릅니다.

"야! 이건 장기전이야! 그렇게 빨리 뛰면 금방 지쳐서 완주 못해! 천천히 가!"

아니나 다를까! 작은 녀석은 겨우 500m 정도를 뛰고는 힘들어 더 이상 못 가겠다고 합니다. 손을 잡고 걷기도 했으나 그 역시 얼마 가지 못했습니다. 얼굴에서는 땀이 비 오듯 하고 다리는 풀려서 비실비실. 그러나 포기할 수는 없는 일. 약해지려는 마음을 다잡고 못 본 척 조금 앞서서 뒤도 돌아보지 않은 채 걸어갔습니다. '천천히라도 따라 오겠지.' 하는 생각이었지요.

그리고 잠시 후, 걱정스러운 마음에 뒤를 돌아본 저는 멈칫할 수밖에 없었습니다. 큰 녀석이 힘들어하는 동생을 등에 업고 묵묵히 따라오고 있었기 때문입니다.

평소 큰 녀석은 작은 놈을 거의 자신의 부하쯤으로 생각해 부려 먹고는 했습니다. 심부름도 시켜먹고 말 안 듣는다며 때리기도 하고 좋은 것은 자신이 다 독차지하려고도 했습니다. 아무리 그러지 말라고 해도 순간뿐, 뒤돌아서면 어느새 동생을 윽박지르고 있는 목소리가 들려왔기 때문에 애 엄마는 요즘 큰 녀석과 싸우는 것이 하루 일과가 되어 버렸다고 푸념하고는 했습니다. 아직 어리니까 그렇겠지 하면서도 저 습관이 계속되는 것은 아닐까 은근히 걱정이 되는 것도 사실이었습니다.

그런데 이렇듯 힘들어하는 동생을 위해 선뜻 도움을 손길을 내밀고 있는 녀석을 보는 순간 모든 걱정이 한꺼번에 다 날아가는 듯했습니다. 동생을 업고 간 거리를 실제로 따져 보면 기껏해야 몇 십 미터. 잠깐 업어 주는 시늉을 한 것에 불과할지도 모릅니다.

그러나 내리쬐는 한낮의 뙤약볕 아래에서 천 근의 무게보다 더하면 더했을 동생을 업으려 한 형과, 땀냄새 나는 등짝에 착 달라붙어

형제애

웃음짓는 동생에게는 앞으로 인생을 살면서 닥쳐올 크고 작은 어려움을 도와 가며 이겨 낼 수 있는 진한 형제애가 자라고 있음을 저는 압니다.

“피는 못 속이나 보다! 형제가 없이 달랑 하나만 있는 아이들은 얼마나 외로울까?”

집으로 돌아오는 차 안에서 사소한 다툼의 결과로 눈도 마주치려 하지 않는 아이들을 보면서도 그저 빙그레 미소만 짓고 있는 내외는 그 누구도 부럽지 않을 만큼 행복합니다.

조침령은 공사 중!
너, 내비게이션 맞아?

좌충우돌 곰배령
가족 여행기

곰배령에 다녀 온 얘기를 들은 OBC형님(이하 'OBC'라고 칭함– 아마추어무선 콜사인)이 꼭 한 번 같이 가자고 합니다. 그러기로 했지요. 각자 일을 끝내고 인제 터미널에서 아침에 만나기로 했습니다. 제가 조금 늦게 도착했는데 OBC님 식구들은 저와의 약속을 지키기 위해 새벽 5시 30분에 집에서 나왔다고 하더군요. 그리고 우리의 목적지인 방태산 자연휴양림으로 출발!

최신형 내비게이션도 다시 보자

그런데 이번에 새로 장착한 내비게이션을 너무 믿었던 탓에 애초부터 길을 잘못 들었습니다. 인제에서 곧바로 현리로 넘어가면 될 것을 다시 홍천으로 와서 방태산으로 길을 잡은 것이지요. 시간과 거리가 두 배는 더 소요되었습니다. 그런데 문제는 그것이 아니었습니다.

내비게이션이, 목적지인 방태산 휴양림이라고 알려 준 곳은 휴양림의 반대편이었던 것입니다. 서울 북한산을 예로 들어 말하자면, 우이동을 알려 주어야 할 것을 구파발로 안내한 격이었지요. 반대편으로 넘어가는 길이 있기는 했지만 현지 사람들 얘기로 제 차로는 도저히 넘어갈 수가 없다는 것이었습니다.

다시 지도와 내비게이션을 종합해 거리를 환산해 보니 산을 돌아 목적지로 가려면 무려 85㎞를 더 가야 했습니다. 같이 간 OBC님 식구들은 새벽에 나오느라 아침도 못 먹고 집을 떠나왔으니 얼마나 배가 고프겠습니까? 일순 저에게 쏠리는 원망의 눈빛, 눈빛들.

그러나 어찌 하겠습니까? 다음 날 곰배령으로 가려면 그쪽으로 이동하는 수밖에 없었습니다. 할 수 없이 방태산보다 조금 더 가까운 미천골 자연휴양림(약 37㎞)으로 목적지를 변경해 달렸습니다. 어서 빨리 자리를 잡고 밥을 먹어야 했기에 속도 위반을 밥 먹듯이 해 가며 그야말로 돌진했습니다. 조금이라도 늦게 되면 그나마 야영장의 자리도 못 잡을 것 같은 조바심에 이것저것 가릴 형편이 아니었습니다.

그러나 이런 혼신의 노력에도 불구하고 도착한 미천골에서는 안내인으로부터 "오늘 적정 인원이 다 차서 입장할 수 없다."는 차가운 답변을 들어야만 했습니다. 방태산으로 전화를 해 보니 그곳도 이미 만원이라고 합니다.

하릴없이 발길을 돌려 근처 사설 야영장으로 가는 중에 계곡을 끼고 있는 꽤 괜찮은 곳을 발견하고는 그리로 갔습니다. 하루 야영하는데 텐트 한 동당 1만 5,000원. 그래서 합이 3만 원이었습니다. 서둘러 텐트를 설치하고 밥을 지었습니다. 그리고 소주도 한 잔! 새로 개장한 곳이라 시설이 깨끗하고 사람도 붐비지 않아 맘에 들었습니다. 이쪽으로 가는 분이 계시면 권하고 싶을 정도로 말입니다.

사장님의 얼굴에 '나는 착한 사람'이라고 써 있는 것 같더군요. 저는 술도 한 잔 했겠다, 자리도 잡았겠다 텐트 속에 들어가 늘어지게 한숨 잤습니다. 아이들은 신이 나서 계곡에서 놀았다고 하더군요. 이곳은 일명 '얼음골'이라고 한답니다.

저녁 때 다시 눈을 떠 밥을 먹고 또 소주 한 잔. 이번에는 맥주도 몇 병 더 했습니다. 그리고 잠을 자는데 새벽이 되자 한기가 몰려 오더군요. 그러나 우리가 준비한 것은 오직 아이들이 덮고 잘 이불 같은 수건 한 개와 쿨맥스 옷가지뿐(이것이 얼마나 바람이 잘 통하는지 아시죠? 한기를 막는 데 이것보다 더 악조건인 옷은 아마 없을 겁니다)! 아침에 일어나는데 추워서 혼났습니다. OBC 형님은 잠바까지 준비해 온 눈치였습니다.

하여간 다음 날 아침, 전날 저녁에 짐 정리를 다 해 놓은 상황이라 물만 끓여서 보온병에 채운 다음 텐트를 철거하고 서둘러 다시 곰배령으로 향했습니다.

한 번 더 내비게이션의 도움을 받으니 이놈이 어떤 지방국도를 넘으라고 가르쳐 주는데 가서 보니 웬 걸! 공사 중인 곳으로 바로 '조침령'을 넘어가는 도로였습니다. 그러나 그곳을 넘지 않으면 양양으로 해서 약 80㎞를 또 돌아가야 하는 상황! 도로 옆 가게에 물어보니 다행히도 넘어갈 수는 있을 거라 합니다. 그 말을 믿고 바로 조침령 길로 접어들었습니다.

기름까지 바닥을 드러내고

어렵게 어렵게 한숨을 몰아쉬어 가며 공사 중인 곳을 통과해 잘 가고 있다고 생각하는 순간 이럴 수가! 이번에는 기름이 바닥을 드러냈습니다. 맨 아래 눈금에서 아예 더 밑으로 한참을 곤두박질쳐 있는 유량계의 바늘. 올라올 때는 분명히 한 눈금이 남았던 터라 거뜬히 넘어갈 줄 알았는데 아마도 최저단으로 고개를 올라오다 보니 기름을 많이 먹었던 것 같았습니다. 최저단으로 이렇게 오래 달려 본 적이 없었기 때문에 기름을 많이 먹을지 알 턱이 없지요.

가슴은 조마조마하고 땀은 삐질삐질 나고 미치겠더군요. 한번 생각을 해 보십시오! 기름이 바닥이 나서 보험회사나 뭐 그런 곳으로 전화를 하면(사실 휴대전화도 통화가 안되는 곳이었을 겁니다) "거기가 어디냐?"고 물을 것이고 "여기는 조침령이다." 그러면 "거기는 도로가 아직 개통도 안 된 곳인데 거길 왜 갔냐? 우리는 거기까지는 서비스를 못한다." 뭐 이런 식의 대화도 가능하고 그래서 119에 조난 신고를 한다든가 하면 아마도 헬리콥터로 기름을 싣고 와서 연료를 보충해 주는 희대의 웃음거리도 될 수 있는 상황이 아니냐 이 말입니다.

그것도 모든 문제가 잘 풀렸을 때의 이야기이지 만일 한 가지라도 어긋나 버리면 꼼짝없이 거기서 걸어 내려와 기름을 사 갖고 다시 올라와야 할지도 모른다는 생각에 눈앞이 캄캄해 지더군요. 그러면서도 독한 것이 사람의 마음이라, 조침령 정상에서 사진 찍는 것은 결코 빼먹지 않았습니다. 아이들은 기름이 떨어졌다는 소리에 그것을 소재로 밤에 늑대가 나타나니 어쩌니 하면서 좋아라 웃고 떠들고 난리가 났습니다.

다행이 큰 사고 없이 조침령을 넘어왔습니다. 그리고 곰배령으로 들어가려고 하는데 입구에서 차를 세우며 출입 금지라고 합니다. 출입 허가를 받은 사람만 들어갈 수 있다나 뭐라나. 조용히 '명예 산림 감시원증'을 내밀고 사정을 했더니 큰 인심이라도 쓰는 듯이 들여보내

조침령 정상에서

주더군요. 그러나 그 이의 얘기와는 반대로 안쪽에 있는 펜션으로 가는 차량은 줄을 이어 들어오고 있었고 곰배령 입구에서는 대형 천막까지 쳐 놓고 술판이 벌어져 있었습니다. 욕밖에 나오지 않았습니다.

화난 마음을 진정시키고 억지로 억지로 차를 주차시키고 곰배령으로 출발하려는 순간! 제 등산화가 보이지 않았습니다. 분명히 집사람 것과 제 것 두 개의 봉투를 챙겨 왔는데 말입니다. 물어보니 집사람과 아이들 것이었다고 합니다. 꼼짝없이 슬리퍼를 신고 산행을 해야 했습니다. 그나마 길이 좋아 망정이지 그렇지 않았다면 아마도 조금의 부상쯤은 각오해야 했을 것 같습니다. 길이 좋다는 제 얘기만 믿고 OBC 형님 식구분들도 모두 슬리퍼만 준비해 왔다는 사실도 제게는 조금의 위안이 되었습니다.

약 두 시간의 산행 후 맞이하는 천상의 화원 곰배령! 정상 부근에 이르러서는 이미 그 야생화 꽃향기가 진동을 하더군요. OBC 형님 식구들도 모두 입을 헤 벌리며 좋아했습니다. 사진도 열심히 찍었지요. 배가 고파 조금 아래로 내려와, 간밤에 멧돼지가 먹을 것을 찾느라 밤새 갈아 엎어 놓은 것이 분명한 숲 속 웅덩이에서 컵라면으로 아침 겸 점심을 해결했습니다.

그리고 산을 내려오는데 5분이나 지났을까요? 둘째 아이인 세찬이가 '얘기'를 하고 맙니다. 이런 경우 세찬이의 '얘기'는 그 내용이 뻔합니다.

"엄마! 똥 마려워!"

세찬이는 사람들이 다 지나 다니는 길 바로 옆에서 엉거주춤한 자세로 똥을 눴습니다. 그 과정에서 이미 팬티에는 똥이 다량 묻어 있었기에 노팬티 바람으로 산을 내려와야 했습니다. 계곡이 깊어 냄새가 분산되지 않고 모여 있는 관계로 산행하던 사람들이 코를 막고 지나가더군요. 집사람은 막대기로 낙엽을 긁어 모아 그 똥을 다 덮었습니다. 똥 묻은 팬티는 새 것이라며 버리지 않고 비닐봉투에 담아 가방에 넣었습니다.

'똥'과 관련된 일화는 여기서 그치지 않습니다. 조금 더 산을 내려왔더니 이번에는 산하와 준식이(OBC님 큰 아들)가 동시에 똥이 마렵다며 야단입니다. 준식이는 근처 숲 속에서 똥을 눴고 산하는 아래에 있는 화장실로 가겠다면서 막 뛰어갔습니다. 그러나 녀석은 잠시 후 숲 속에서 므흣한 표정을 지으며 나타나더군요. 도저히 참을 수가 없었던 모양입니다. 아마도 아침에도 컵라면을 먹고 점심에도 컵라면을 먹었던 것이 탈이 난 것이 아닌가 하는 짐작을 해 볼 뿐입니다. 물도 계곡물을 그냥 마셨지요.

산을 다 내려왔으나 여흥을 즐길 겨를도 없이 공포의 6번 국도 양평 구간을 통과해야 했기에 서둘러 서울로 길을 떠났습니다. 그러나 결국 그 양평 구간이 문제였습니다. 용담대교에서 꽉 막혀 있는데 준식이가 또다시 배가 아프다고 합니다. OBC님은 화가 머리끝까지 나서 "이놈아! 배가 아프면 아까 휴게소에서 화장실을 갔다 오지 그땐 왜 가만 있다가 지금 여기서 이러냐?"고 난리를 칩니다. 그러나 우리의 준식이는 아무런 동요도 하지 않고 꿋꿋하게 얘기합니다.

"그땐 안 아팠어요!"

결국 양수리 쪽으로 길을 잡아 주유소에 들러 배 아픈 것을 해결하고 OBC님의 도움으로 막히지 않는 길을 찾아 서울에 무사히 도착했습니다. 중간에 불암산 쪽에 있는 갈비집에서 저녁과 함께 소주도 한 잔 했습니다. 운전은 집사람이 했지요. 참으로 즐겁고 추억이 가득한 여행이었습니다.

이상 여름 여행기를 마칩니다. 마지막으로 한마디만 더 하겠습니다. 이번 여행을 통해 뼈저리게 느낀 것이 한 가지 있습니다. 내비게이션 과신 말고 지도 보고 길을 찾고 현지 사람들에게 물어보며 여행을 다녀야겠다는 것입니다. 이 글을 보시는 여러분들께서도 이 점, 꼭! 참고하시길 바랍니다. 고맙습니다.

하늘에서 '뚝' 떨어진 **고구마 한 상자**

흥미로운
아마추어 무선의 세계②

나는 취미로 아마추어 무선(일명 햄) 활동을 한다. 그러나 그리 열심히 하는 편은 아니고 그저 시간이 날 때 가끔씩 한 번 마이크를 잡고 교신을 하는 정도다.

요즘에는 휴대전화가 발달해서 아마추어 무선이 널리 각광받지 못하고 있다. 그러나 눈에 보이지 않는 전파를 통해 미지의 상대방을 만날 수 있다는 것은 아마추어 무선만이 갖고 있는 독특한 매력이 아닐 수 없다.

직접 얼굴을 마주 보고 이야기하는 것이 아니라 목소리만으로 여러 정황들을 판단해야 하는 제한이 있기 때문에 교신 중에는 서로 깍

듯한 예의가 필요하며 상대국에 대한 호의가 필수적이다. 뜻하지 않은 곳에서 접하게 된 작지만 가슴 흐뭇한 경험이 있어 소개 하고자 한다.

지난 11월의 어느 날, 지방에 계신 어머님을 뵙고 서울로 올라오는 길이었다. 막힘 없이 잘 나가던 고속도로가 이천 부근에 와서 정체되었다. 이유 없이 차가 막힐 때면 운전하는 모든 이들의 마음이 그런 것처럼 나 역시 그 정체의 이유가 궁금하지 않을 수 없다. 또 어디까지 막히는지도 알고 싶었다. 이럴 때 유용한 것이 바로 아마추어 무선! 평소 잘 잡지 않던 무전기의 마이크를 잡고 과감하게 외쳤다.

"CQ! CQ! 여기는 DS1QCI! 중부고속도로상에 계신 국장님 교신을 원합니다!"

금방 응답이 왔다. 신호의 감도와 명료도 역시 아주 좋았다. 간단한 수인사 후 위치를 물었더니 내가 있는 곳과 비슷했다. 상대국의 OM님(아마추어 무선사를 높여 부르는 말)은 화물트럭을 운전하시는 분인데 사는 곳은 경기도 여주고 지금은 서울 가락동에 물건을 납품하러 가는 길이란다. 그런데 내 바로 앞차가 많은 짐을 싣고 가는 트럭이다. 차 위로 삐죽이 나온 안테나도 보인다.

"혹시 불그스름한 짐을 가득 싣고 가는 트럭 아닌가요?"

맞단다. 하하하! 불특정 무선국을 호출해 이렇게 바로 앞차와 교신하는 건 매우 드문 경우인데 내가 그 주인공이 될 줄이야. 더구나 고속도로에서 말이다. 지금 고구마를 싣고 가락동으로 가는 길이라며 물고구마와 밤고구미의 징단점에 내해서도 설명해 주시고 고구마는 역시 여주 고구마가 제일 맛있다는 자랑도 잊지 않으신다. 교신하는 사이 차는 어느새 톨게이트까지 왔다.

"고구마 한 상자 드릴 테니 저 앞에 잠깐 차 좀 세우시지요."

그러더니 고구마 한 상자를 선뜻 차에 실어 주신다. 고맙다며 얼떨결에 받기는 했지만 아무래도 그냥 가 버리면 나쁜 놈이 될 것만 같아 미적거릴 수밖에 없다. 집사람에게 물어보니 마찬가지 생각이란다. 기름값이나 하시라고 돈 만 원을 드렸더니 한사코 거절하신다.

"이러시면 안 됩니다. 우리는 아마추어 가족 아닙니까? 아이들하고 맛있게 드시소."

정체된 교통상황이 궁금해 시도한 교신이었을 뿐인데 하늘에서 전파를 타고 고구마 한 상자가 그야말로 뚝 떨어졌다. 방금 밭에서 캐낸 덕분에 붉은 흙이 그대로 묻어 있는 채 말이다.

아마추어 무선의 세계에 입문하면 가장 먼저 배우게 되는 것이 아마추어 무선인의 신조인 "아마추어는 우호적!"이라는 선언이다. 그 OM님이 내게 준 것은 고구마 한 상자였지만 내가 받은 것은 차 안에서 조용히 교신 내용을 듣고 있던 식구들(집사람과 큰아이도 아마추어 무선사이다)에 대한 '아마추어 무선인 신조의 살아 있는 실천'이었다.

교신을 자주 하지는 않지만 그래도 어쨌든 나도 아마추어 무선사이고 동호인이다. 그것도 앞으로 더더욱 친절하며 예의 바른 아마추어 무선사가 되기를 다짐하는 동호인 말이다. 그 고구마 한 상자는 앞으로도 두고두고 우리 식구의 추억과 함께 할 것이다.

식구들과 함께 **옛 영화 한번 보시라**

영화
〈백 투더 퓨처(Back to the Future)〉 1탄

나는 전쟁영화를 좋아한다. 그래서인지 아직 만화영화가 좋은 아이들과는 코드가 잘 맞지 않는다. 이 때문에 내가 영화를 보자고 하면 그다지 좋아하는 기색들이 아니다. "왜 아버지가 좋아하는 것만 보느냐?"는 불만과 함께 자기들끼리 다른 놀거리를 찾거나 그냥 자 버리기 일쑤다.

이래서는 안 되겠다 싶어 모처럼 온 식구가 함께 볼 만한 것을 찾다가 문득 예전에 재미있게 본 기억이 있어 아이들을 불러 모았다. 1980년대 중반에 개봉된 영화 〈백 투더 퓨처(Back to the Future)〉 1탄.

타임머신을 타고 30년 전 과거로 돌아가 엄마, 아버지가 젊었던 시

절의 모습을 보기도 하고 그들과 함께 대화도 나누며 비슷한 또래로서 함께 문제를 풀어 나간다는 것이 상상만으로도 재미있을 터인데 그것이 화면에서나마 실제와 같은 현실로 나타나니 얼마나 환상적이겠는가? 아이들의 시각으로 마음껏 꿈을 꾸게 할 수 있겠다는 생각이 들었다.

저녁을 먹고 조금 있다가 함께 영화를 보자는 얘기를 했을 때 아이들의 반응은 예전처럼 시큰둥했다. 여태껏 그래 왔듯이 난해한 내용으로 이해하기조차 어려울 것이라는 표정과 함께, 같이 보자니까 어쩔 수 없이 봐 준다는 아량의 몸짓을 아이들은 숨김없이 보여 주고 있었다.

하여간 공부하는 것보다는 낫겠다는 속셈에서인지 유리한 위치를 차지하기 위한 작은 소동이 있고 난 후 불을 끄고 베개와 이불까지 동원해 느긋하게 자리를 잡은 다음 비디오를 틀었다.

예상했던 대로 조금은 지루한 듯한 초반부가 지나면서부터 아이들의 반응이 달라지기 시작했다. 원래 영화 보는 것을 즐기던 큰아이뿐 아니라 극장에만 가면 졸기 일쑤였던 작은 녀석마저 이것저것 질문해 가며 집중하는 모습은 근래 보기 드문 것이었다. 그것은 나 역시도 마찬가지였다. 마치 영화를 처음 보는 듯 모든 것이 새롭기만 했고 이야기 전개도 흥미진진했다.

이 영화는 개봉된 지 벌써 20여 년의 세월이 흘렀다. 당시에는 최첨단이라는 생각에 선보였던 갖가지 소품들이 지금 눈으로 보면 촌스럽기 그지없다. 안테나를 뽑아서 쓰는 벽돌만 한 무선전화기하며 다이 얼식 텔레비전, 당시에 한창 유행하던 몸에 꼭 맞는 바지와 운동화.

그러나 그 모든 것들이 영화의 줄거리와 합쳐져 자연스럽게 과거와 현재를 나타내는 상징이 되어 버렸다. 아이들은 아이들대로 아버지도 저런 걸 썼느냐며 흥미롭게 물었다. 자연스럽게 격의 없는 대화가 이어졌다. 이것만으로도 작전은 성공 아닌가!

영화를 다 보고 나자 빨리 들어가 자라고 재촉하는 엄마에 쫓기면서도 아이들은 내일 꼭, 또 보여 달라는 요구를 잊지 않았다. 잠자리에 들어서도 재잘거리며 영화에 대한 이야기 꽃을 피우는 듯한 눈치다.

내일은 2탄을 보고 모레는 3탄을 보면서 아이들과 함께 나도 마음껏 상상의 날개를 펼쳐 볼 것이다. 비록 화면에서일 뿐이지만 말이다.

지난 것, 옛날 것이라 무시하지 말고 유쾌하고 재미있게 봤던 기억이 남아 있는 영화라면 과감하게 온 식구가 다시 한 번 추억을 되새겨 보시라.

즐겁다!

〈명량〉,
해상 전투신보다 이게 더 낫다

[리뷰]
고증에 충실한 사극, 재미있게 봤어요

영화 〈명량〉을 봤다. 사전에 감상평을 대충 훑어 봤더니 '혹평' 일색이어서 큰 기대는 하지 않았다. 잘 만들면 명작이 될 수 있는 극적인 모티브 하나를 또 졸작으로 날려 버렸나 보다 하는 생각이었다.

그러나 영화를 보고 난 후의 내 생각은 기존의 영화평과는 완전히 다르다. 근래 보기 드문 수작. 80점!

일단 고증에 충실했다. 영화라는 장르가 아무리 상업적이기는 해도 사극을 다룬다면 일단 역사적 사실에 근접하려고 하는 노력은 좀 해 주었으면 하는 것이 변치 않는 나의 고집이다. 〈명량〉은 그런 면에서 착실하다.

장수들이 칼을 휴대하는 방법이 그렇고(영화 〈명량〉의 장수들은 텔레비전 역사 드라마에 나오는 것처럼 허리띠에 대충 칼을 쑤셔 넣고 나오지는 않는다), 지금의 대포처럼 쏘면 날아가 폭발을 일으키거나 하지도 않는다(임진·정유년 당시는 그저 동그란 돌멩이나 쇳덩이를 날려서 나무로 만든 배의 판자를 부수는 것이 당시의 대포였다).

우리는 명량대첩이 불과 12척의 배로 330여 척의 왜선을 격파했다는 역사적 사실로 미루어 그 12척이 이순신 장군과 혼연일체가 되어 전투를 벌였을 것이라 생각하지만 이는 상상에 불과하다. 기록에 의하면 오로지 이순신의 대장선 한 척이 330여 척을 무려 3시간 동안이나 홀로 저지하고 있었다는 것이다. 나머지 11척은 조금이라도 상황이 불리해 지면 먼저 도망치려고 그저 멀리서 구경만 하고 있었던 셈이다. 극중에 보면 이순신이 대장선 한 척으로 승기를 잡은 후 다른 배를 부르는 초요기를 올리자 그제야 달려온 거제 현령 안위에게 했던 "군법으로 너를 다스려야 하나 싸움이 급하니 일단 최선을 다해 싸우라!"는 말도 팩트로 전해진다.

나는 이런 모든 것들이 어떻게 표현되는가를 세밀히 살폈다. 합격!

영화 〈명량〉은 해상 전투신이 전체의 80%를 차지한다고 하지만 그러나 나는 도입부에 나온 이순신의 인간적인 고뇌가 훨씬 더 가슴에 남았다. 수적으로 이미 상대가 안 된다며 전투를 포기하려는 휘하 장수들을 다독여 싸움에 나서야만 하는 지휘관의 자세. 죽기를 각오한 사람에게서만 나올 수 있는 결연한 의지. 극중 이순식 역의 최민

식은 넘치지 않고 절제된 연기로 훌륭히 이를 잘 표현하고 있다.

할리우드판 블록버스터 스펙터클 볼거리의 영화를 원하는 이들이 보기에는 기존의 평가처럼 지루하기도 하고 크게 감동적이지도 않을 것이다. 그러나 누군가 '아는 만큼 보이는 법'이라 했다. 조금은 다큐멘터리같은 분위기가 나면서 살짝 신파적 요소를 곁들이며 정통 사극의 품위를 잃지 않는 이런 영화는 흔치 않다. 몇 번을 울었는지 모른다. 명량대첩이 있었던 바로 그 곳이 수백 명, 생때같은 우리 아이들의 목숨을 앗아간 세월호가 침몰한 진도 인근 바다인 것을 생각하면서 말이다.

추가: 명량대첩 당시 이순신의 함대가 12척인가 13척인가로 의견이 분분하고 역사서에도 제각각 다르게 기술되어 있어 논란이 되고 있다. 애초 배설이 칠천량 해전에서 도망치면서 가지고 나온 배는 12척. 그 후 전라우수영이 이순신 함대에 가세하면서 가지고 나온 배가 달랑 판옥선 1척. 그래서 13척이 되었으나 이 중 1척은 파손이 심해 실제 전투에는 참가하지 못했다고 한다. 이로써 명량대첩에 참가한 실제 이순신 함대는 총 12척이 되는 셈. 영화도 이를 따르고 있어 나도 역시 12척이라 가정한다.

다시 또 〈태백산맥〉

"보라!
우리 문학 여기까지 왔다!"

아마도 1989년과 1990년의 어디쯤이었을 겁니다. 제가 소설 〈태백산맥〉을 접했던 시기가 말입니다. 그리고는 정신 없이 빠져 들었었지요. 밤을 꼴딱꼴딱 세웠다는 표현이 틀리지 않을 만큼 〈태백산맥〉은 제게 적지 않은 영향을 주었습니다.

그러고 보니 어느새 15년이 넘는 세월이 흘렀습니다만 한순간도 〈태백산맥〉이 주는 감동으로부터 자유로웠던 적이 없었습니다. 한순간도 허투루 살지 않으려 노력하기도 했었지요. 기회가 되면 책을 사서 가보로 남겨 두려는 생각도 갖고 있었습니다.

그러면서도 선뜻, 손에 다시 이 책을 잡기가 두려웠던 것은 소설의 한 꼭지 한 꼭지마다에 스며 있는 분노를 감당할 자신이 없었기 때문이었습니다. 저만 그런 것이 아니라 집사람도 마찬가지였다고 합니다. 꼭 다시 읽고는 싶으나 '함부로' 시작할 용기가 나지 않았던 것이지요.

그러던 중, 〈태백산맥〉과 〈한강〉, 〈아리랑〉 전부와 조정래 문학전집 4권까지를 반값에 판매하는 기회가 눈에 띄었습니다. 집사람과 상의했더니 "전부터 사고 싶어 했으니 사라!"는 명쾌한 답변이 돌아왔습니다. 물론 한꺼번에 사는 것이니 그 금액이 만만치는 않았습니다만 책이 주는 감동의 크기를 따져 본다면야 치러야 하는 경제적 부담은 차라리 즐거울 정도였습니다(3개월 무이자로 했습니다).

책장의 가장 좋은 자리에 자리를 잡았습니다. 책을 샀으니 읽어야겠지요. 저는 〈태백산맥〉을, 집사람은 〈한강〉을 택했습니다. 이제 두려움을 버리고 과감하게 다시 시작하려고 합니다. 아껴 둔 과자를 조금씩 조금씩 꺼내 먹는 아이의 심정으로 말입니다.

20여 년 전, 한 신문에 실렸던 소설 〈태백산맥〉의 광고문구를 똑똑히 기억합니다.

"보라! 우리 문학 여기까지 왔다!"

누군가 제게 감히 여기에 덧붙여 한마디를 더 보탤 수 있는 기회를 주신다면 다음과 같이 말하겠습니다.

"세상에는 두 종류의 사람이 있다. 〈태백산맥〉을 읽은 사람과 그렇지 않은 사람이다!"

어떤 형태든 독재권력에 반대했던
항일독립군 이야기

김학철 자서전
〈최후의 분대장〉

이 책은 "조선의용군 최후의 분대장"으로 불렸던 항일독립군 김학철 선생의 자서전이다. 해방 후, 신생 대한민국 군부의 요직을 구 일본군 출신들이 다 장악해 버린 것을 익히 알고 있던 터라 제목만으로는 그다지 흥미가 생기지 않았다. 읽어 봤자 끝내는 분노와 회한만이 남을 것이란 생각에, 관심은 있으나 일부러 멀찍이 떨어뜨려 놓았던 것이다. 그렇기에 사서 보기는 싫었는데 마침 구청 도서관에 회원등록을 한 덕택에 공짜로 볼 수가 있어 자연스럽게 손이 가 빌려 오고야 말았다.

선입견과는 달리 책 한 장 한 장을 넘기면서 나도 모르게 어느새 박제화되고 사료화되었던 김두봉이며 김원봉 등 우리 독립군 하나 하나의 모습이 청년 김학철의 육성을 통해 생생하게 되살아오는 것을 느꼈다. 저자가 조선의용군으로 활동했던 까닭에 주로 좌익계열 인사들의 이름이 자주 오르내리고는 해 금기시되고 불온시되었던 사람들을 직접 만나는 듯한 묘한 긴장감과 함께 말이다.

김학철 선생은 아름다운 항구도시 원산에서 태어나 서울의 보성학교를 다니던 중 독립운동에 뜻을 두고 홀연히 단신으로 국경을 넘어 임시정부를 찾아 중국 상해로 간다. 우여곡절 끝에 황포군관학교를 졸업하여 당당한 독립군 장교가 되었고, 하북성 호가장 전투에서 일본군과 교전 중에 다리에 관통상을 입고 포로가 되어 징역 10년, 미결가산 200일 언도를 받아 나가사키 형무소에서 복역한다.

한쪽 다리를 절단한 채 해방을 맞아 귀국했으나 남과 북 모두에서 진행되었던 권력쟁탈전을 피해 다시 중국으로 피신할 수밖에 없었다. 그러나 그곳에서, 평생 존경해 마지않았던 마오쩌뚱[毛澤東] 역시 독재와 피비린내 나는 숙청으로 일관하는 것을 보고는 환멸을 느껴 저항의 글을 준비하던 중 발각, 체포되어 또다시 감옥에 갇히고 만다. 1980년이 되어서야 복권이 되었고 지난 2001년 85세를 일기로 타계하셨다.

선생의 일대기는, 평생을 무장투쟁과 감옥생활로 보냈음에도 불구하고 한 번도 그 지위와 역할에 걸맞게 대우받아 본 적이 없는 우리 항일독립군 전체의 모습과도 크게 다르지 않아 가슴을 아프게 한다.

연변 조선족 최고의 문필가로 이름을 날렸던 선생은 어떤 식이 되었든 민중에 대한 억압과 폭력을 동반한 독재권력에 대해서는 부정적 입장을 취했는데 이러한 시각은 흡사 〈동물농장〉에서 보이는 조지오웰의 그것과도 닮았다.

조국과 민족을 따지지 않고 오로지 돈이 제일인 세상, 그것을 합리화하고 정당화시켜 주는 신자유주의가 판을 치는 이때에 선생의 외마디 한 소리가 예사로이 들리지 않기를 바라는 마음이 간절하다.

"편안하게 살려거든 불의에 외면을 하라. 그러나 사람답게 살려거든 그에 도전하라!"

자전거는 **자전車다**

푸르고 시원한 지구를 향한 작지만 큰 발걸음
성지송학중 학생들 2박 3일간의 자전거 국토순례 무사히 마쳐

전라남도 영광에 있는 성지송학중학교 1학년 학생 22명 전원은 선생님, 학부모님들과 함께 지난 7월 14일부터 16일까지 2박 3일간의 자전거 국토순례 행사를 무사히 마쳤습니다. 이번 1학년의 자전거 국토순례는 2학년의 도보순례, 3학년의 뗏목탐험과 함께 학년별로 전체가 이수해야 하는 단체 필수과제 중 하나로, 올해는 '기후변화에 대응하는 자전거 순례'라는 주제 아래 '시원한 지구를 위한 우리들의 발구름'이라는 소제목도 달았습니다. 학생들이 스스로 고민해 정한 구호였습니다.

전남 영광군 군서면에 있는 학교를 출발해 함평, 무안을 거쳐 신안

군 임자도에 이르는 총 114.8㎞의 짧지 않은 거리를 주행하면서 학생들은, 폭염주의보가 발령된 한낮의 뙤약볕을 온몸으로 받아가며 비지땀을 흘렸고 오르막을 만나 힘겨워 하기도 했지만 서로를 격려하고 어려움을 함께 하면서 끝내 단 한 명의 낙오자도 없이 모두 완주해 내는 저력을 과시했습니다.

학교 측에서는 청정한 교통수단인 자전거 페달을 굴리며 태양광 발전소를 견학하기도 하고 지구 온난화에 대해 학부모님의 강의를 준비하는 등 다양한 프로그램으로 자칫 흔하디 흔한 자전거 여행으로 끝나기 쉬운 순례의 의미를 더더욱 풍부하게 했으며 에너지 절약과 환경보호에 대한 인식을 넓히려는 노력을 게을리 하지 않았습니다.

행사 중 빨래며 끼니 문제 역시 학생들 스스로의 몫이었습니다. 5~6명씩 모둠을 만들어 식단을 짜고 조리를 하며 먹고 난 후의 설거지까지 학생들은, 지난 5월에 있었던 지리산 종주를 통해 얻었던 생생한 경험을 바탕으로 모든 것을 일사천리로 진행해 나갔습니다. 학부모님들은 마지막 날 저녁에 삼겹살 파티를 열어 이들을 격려했을 뿐입니다.

흔히들 청소년기를 '질풍노도의 시기'라고 합니다. 하루가 다르게 부쩍부쩍 커 가는 신체의 발육에 비해 지적 능력은 그를 따라잡지 못해 혼란을 느껴, 깊은 고민 없이 자연스럽게 반항적이 되는 것을 일컫는 말입니다.

이럴 때일수록 다양한 경험을 통해 몸과 마음이 균형 있게 성장할

자전거 국토순례 출발!

수 있도록 하는 것이 중요한데 청소년기의 아이들에게 호연지기(浩然之氣)를 강조하는 것 역시 같은 맥락으로 이해할 수 있습니다. 극한으로 치달을 수 있는 사고의 폭을 조금 더 넓고 깊게 하라는 어른들의 충고인 셈이지요.

그런 의미에서 우리 국토를 온몸으로 느끼고 환경에 대한 인식까지 넓히고 있는 성지송학중학교의 자전거 국토순례는 여러 모로 의미 있는 실험입니다. 이를 통해 학생들은 책만으로는 결코 얻을 수 없는 소중한 경험을 한 가지 더 쌓아 나가고 있습니다. 그 경험들은 이후의 삶 속에서 어려울 때마다 큰 힘이 될 것입니다.

우리의 아이들이 교과서 속 시험 기계가 되는 걸 거부하며 올바른 인성을 갖추고 성숙한 인간이 되기를 먼저 생각하는 부모들이 있습니다. 이런 학부모들의 간절한 바람이, 현장에서 묵묵히 이것을 실천하고 계신 선생님들의 굳은 의지와 어우러지며 학생 수 60여 명의 작은 학교에서 조금씩 그 빛을 발하고 있습니다. 꿈이 영글어 가고 있는 것입니다.

이번이 벌써 다섯 번째, 성지송학중학교 1학년 학생들의 자전거 국토순례 무사 완주를 자축합니다!

엄마, 체험학습 하면 **무기징역이래!**

일제고사
반대

2009년 3월 31일. 이날은 초등 4학년부터 중학 3학년까지 전국의 모든 학생들을 대상으로 일제고사가 치러지는 날이다. 전국교직원노동조합은 시험 대신 다른 선택을 할 수 있음을 알렸고, 진보적 학부모단체들은 시험을 거부하고 체험학습을 떠나기로 이미 결의해 두었다.

엊그제 초등학교 5학년인 우리 둘째도 엄마의 설명을 듣고는 체험학습 신청서를 냈는데 전교에서 유일했던 까닭에 아이 엄마도 전교 학부모들 중 유일하게 교장 선생님의 면담 요청을 받았다.

가벼운 짜증까지 내면서 다녀온 아이 엄마의 말을 빌자면 조근조근한 설득작업이 여의치 않았던지 교장 선생님께서는 이윽고 "그럼 아이의 아버지에게 전화해도 되겠느냐?"는 마지막 빅카드를 꺼내 더란다. 그러나 "마음대로 하십시오. 아이 아빠는 저보다 훨씬 더 과격할 텐데요!"라는 답변을 듣고는 씁쓰레 웃고 말더라는 얘기까지도 들었다.

저녁을 먹고 인터넷을 통해 체험학습과 관련한 뉴스를 보고 있었더니 둘째 녀석이 흘낏 보고 뛰어나가며 소리 높여 외쳤다.

"엄마! 체험학습 하면 무기징역이래!"

아이 엄마는 어리둥절한 모습. 일부 학교에서 일제고사를 거부하고 체험학습을 떠나면 무기정학을 시키기로 했다는 내용의 기사 헤드라인이었는데 어제와 오늘, 심상치 않은 분위기를 느낀 녀석이 그래도 자신의 일인지라 관심을 갖고 들여다보기는 보았으되 어깨너머로 넘겨다 본 까닭에 '무기정학'을 '무기징역'으로 오독한 해프닝이었다.

무기징역이 무엇인지, 무기정학이 무엇인지도 몰라 되물어보는 초딩 5학년인 녀석에게야 그저 명확하지 않은 흐릿한 위험 정도로 그치겠지만 부모에게는 그렇지가 않다. 무기징역이든 무기정학이든 일단 그 낙인이 찍히는 순간, 일생을 두고 벗어날 수 없는 천형의 고통을 안아야 하는 명확한 공포 그 자체이기 때문이다. 부모로서는 결코 쉬운 결정이 아니라는 이야기이다.

전국적으로 1만여 명이 일제고사 반대 학부모선언에 동참하고 서명했으나 체험학습까지 신청한 숫자는 1,500여 명에 불과한 것이 그

방증이다. 실제 체험학습에 참가한 사람은 아마 그보다 훨씬 더 줄어들 것이다. 부모에게 아이는 누구 하나 가릴 것 없이 가장 소중한 존재이기 때문이다.

그럼에도 이렇듯 공포를 이겨 내고 위험을 감수하는 사람들이 끊이지 않는 이유는 무엇인가? 그것은 신념 때문이다. 내가 하는 이 행동과 실천이 내 아이와 우리 사회의 미래를 위해 훨씬 더 유익할 것이라는 상식 말이다. 굳이 이 자리에서 일제고사의 폐해에 대해 다시 이야기할 필요도 없다. 일제고사는 이미 10여 년 전에 중도 폐기된 바 있고 우리는 그것을 온몸으로 체험해 온 산 증인이며 경험자들이기 때문이다. 그 신념이 아이를 앞에 두고 조마조마한 마음을 숨기며 대범한 척 당당히 걸음을 옮기고 있는 것이다.

역사는 끊임없이 진보해 왔으나 앞서 간 사람들의 희생을 강요치 않은 적은 한 번도 없었다. 단 한 번도 없었다. 오로지 선각자들의 피땀 위에 우리가 서 있을 뿐이다. 오늘, 체험학습과 관련된 범상치 않은 소동 속 피해자이며 당사자인 선생님들과 아이들, 그리고 학부모 역시, 참된 우리 교육을 위한 작지만 큰 희생을 하고 있는 것은 아닐까? 그들의 희생이 헛되지 않기를 바라고 또 바랄 뿐이다.

아들의 용기에 대한 값이 30만 원이라고?

19살, 소극적이던 큰아이가 추진한
첫 번째 사업

지난 주말, 큰아이의 학교에서 학부모 총회가 열렸다. 운영위원과 학부모 대표 등을 뽑는 자리였다. 나는 전임 학부모회장이었기에 반드시 참석해야만 했다. 그리고 간단한 뒤풀이를 가졌다.

공교롭게도 같은 날, 안산에서 작은놈 학교의 학부모 모임도 있었다. 둘 다 3학년이라(고3, 중3) 대충 모임의 성격이나 방식 등에 익숙해 있기는 했지만, 무엇보다 학부모님들과의 만남이 즐거웠던 터라 꼭 참석하고 싶었다. 그러나 뒤풀이가 끝난 시간은 이미 저녁 8시가 넘었고, 강화에서 안산까지의 거리가 만만찮았다. 운전대를 잡은 마누라는 "당신이 뒤풀이 자리에서 조금만 일찍 일어났어도 가려고 했지만 이젠 너무 늦었다!”며 안산행을 거부했다. 할 수 없이 전화했더니 큰아이 때부터 알았던 한 학부모가 농담 삼아 이렇게 말한다.

“둘째 애, 학교에 보내신 것 맞아요? 저는 그냥 내팽개쳐 놓은 줄 알았어요. 큰애 때는 그렇게 열심히 학교 행사에 참석하시더니 둘째한테는 너무 하신 것 아닌가요?”

웃자고 한 이야기였지만, 실제가 그렇다는 걸 솔직히 인정하지 않을 수 없다. 학부모 행사가 열리는 시기가 대체로 겹쳤기 때문에 입학식 때는 집사람과 내가 따로 떨어져 참석하기도 했다. 그러나 큰아이가 다녔던 중학교를 다시 다니는 둘째 아이에게 그만큼 소홀했음도 사실이다. 경험의 축적이 주는 안일함이랄까. 아무튼, 모든 면에서 첫 경험이 되는 큰 녀석에게 그만큼 신경이 더 쓰였던 것 같다.

상황이 이러함에도 큰놈은 항상 불만이었다. 다른 학부모의 입을 빌려 듣게 된 불만의 요지는 우리가 작은놈만 예뻐한다는 것이었다. 둘째를 부를 때는 부드러운 톤이었던 목소리가 자신을 부를 때는 격해지고 높아지는 것이 구체적인 예라는 것이다. 아무리 아니라고 해도 막무가내다. 무언가 이유가 있어 작은애를 조금 더 챙기는 기색이라도 보일라치면 큰놈이 득달같이 비판과 경계의 목소리를 낸다.

“이거 봐 이것 봐! 동생만 챙기잖아!”

집히는 구석이 있기는 하다. 어렸을 적부터 유난히 뽀얗고 하얀 피부에 작고 조그마한 체구, 동그란 눈 등등 나를 닮지 않아 귀티가 흘렀던 둘째 칭찬에 나와 집사람의 침이 말랐던 적이 있었다. 그러나 그렇다고 해도 두 녀석을 차별했던 적은 결단코 없다. 오히려 첫 경험의 짜릿함에 모든 수혜는 큰아이가 독차지했다고 하는 편이 옳은 이야기일 듯 하다. 그러나 한창 감수성 예민했던 어린 시절, 그때의 그 기억이 아마도 큰아이의 뇌리에 각인된 탓은 아닐까?

그런 큰애가 이제 고3이 되었다. 대학도 가겠다고 한다. 공부도 제법 열심히 한다. 뿌듯하다. 그런데 지난주였던가, 오랜만에 집에 와 밥 먹는 자리에서 불쑥 가야금을 배우겠다고 한다. 지나가는 소리로 들었었는데 이젠 구체적으로 학교에 강좌를 신청해 개설까지 끝냈다고 한다. 아무렇지도 않게 금액도 얼마 안 한다며 가야금을 사 달란다. 30만 원이란다. 30만 원이 얼마 안 하는 것이냐며 집사람의 눈꼬리가 치켜 올라가는 것을 간신히 제지하며 시원하게 말했다.

"알았어. 사 줄게!"

가야금이든 무엇이든 새롭게 배운다는 것, 열정과 의욕을 갖고 무언가를 새롭게 시작하려 할 때는 큰 용기가 필요하다는 것을 안다. 19살, 소극적이었던 큰아이가 자신의 의지로 추진한 첫 번째 사업이 바로 이것이다.

그 용기에 대한 값이 30만 원이고(실제로 들어간 돈은 43만 원임) 아버지인 내가 아직 미성년자인 아들을 위해 대신 그 대가를 지급해 줄 능력이 있다는 사실은 차라리 행복한 일이다. 그저 이 경험을 바탕으로 모든 일에 당당한 한 인간으로 잘 자랄 수 있기를 바랄 뿐이다. 비록 가야금을 배우겠다는 지금 이 시기가 대학에 가기를 원하는 고3의 입장이지만 말이다.

"아들아! 보아라! 큰아들아! 보아라!

엄마 아부지는 너를 차별한 적이 없단다. 이렇듯 네 의견을 존중하고 있잖니! 너도 결혼하고 자식을 낳아 키워 보면 알겠지만 열 손가락 중 깨물어 안 아픈 놈 없단다! 너에게는 네 뜻을 이해하고 지원해 주는 든든한 부모가 있지 않니? 그러니 이젠 제발 동생에 대한 그 의미 없는 열등감일랑 던져 버리고 네 세상을 향해 힘차게 날아 오르렴!"

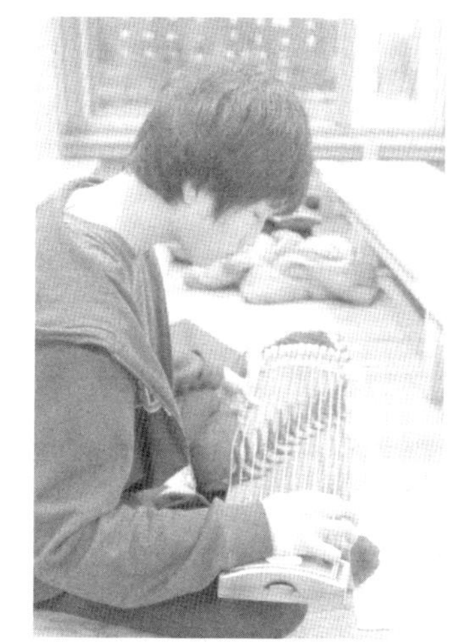

가야금을 연주하는 아들

시누이, 올케, 동서들의 여행, **행복했을까요?**

결혼 20년 만에 집 비운 아내,
크게 느껴진 옆지기의 부재

집사람이 결혼 20년 만에 처음으로 무려 일주일 동안이나 집을 비우는 과감한 외출을 했습니다. 지난 4일부터 9일까지였습니다. 물론 제가 보내 준 휴가입니다. 사연은 이렇습니다.

그동안은 아이들 문제도 있고 각자의 집안 사정도 있고 해서 장기간의 외출은 꿈도 꿀 수 없는 상황이었지요. 그러던 것이 아이들이 커 가고 따로따로 다녀온 여행의 경험들이 쌓이다 보니 "우리도 식구끼리 여행 한번 가 보자!"는 생각을 하게 된 것입니다. 여자들끼리 말이지요. 며느리와 시누이, 올케, 동서지간인 여자 넷. 바로 제 누이 둘과 형수님 그리고 집사람입니다.

어느 명절날 음식을 만들며 동그랗게 모여 앉아 소곤소곤 속삭이더니 '짠' 하고 황금빛 플랜을 내놓더군요. 모두들 꿈에 부풀어 있었습니다. 그러나 이 계획에는 결정적 한계가 있었으니 바로 제 형님의 반대, 아니 반대도 아닌 절대로 안 될 것이라는 아줌마들의 이구동성으로 일치된 예상이었습니다. 그대로 진행할 경우 형수님이 빠져야 한다는 것이지요.

우리 집안이 이렇게 화목하게 잘 지내는 데에는 형수님의 영향력이 거의 절대적이었던 터라 아줌마들은 그녀를 빼고는 그냥 없었던 얘기로 하겠다고 굳게 결의하고 있었습니다. 계획은 여기서 딱 막혀 단 한 치도 앞으로 나가지 못하고 있었습니다. 아줌마들의 장밋빛 환상이 그저 한순간의 허무한 꿈으로 끝나려 하고 있었던 순간이었지요. 바로 이때! 제가 나섰습니다.

몇 달 뜸을 들이고 난 뒤 고기를 굽고 소주를 한 잔 하면서 부드럽게 이야기했습니다. 객관적인 상황만을 따져 본다면 사실 형수님이 외국여행을, 그것도 일주일씩이나 집을 비우고 다녀올 형편은 아닙니다. 먼 남쪽 지방에서 LPG 충천소를 하시는 형님은 내외분 둘이서 운영을 해야 했기에 한 분이 빠진다는 것은 그야말로 남은 한 사람에겐 참기 어려운 고역일 수밖에 없었습니다. 거기에 팔순이 넘은 노모가 계시고 조카 녀석들 둘이 있으니 밥 해 먹을 걱정도 해야 했지요. 그러나 저는 굴하지 않았습니다.

"형수님이 그동안 얼마나 고생 많았냐? 여자들끼리 휴가 한번 보내주자! 식구들끼리 가는 것이니 안심할 수 있다."

꿈쩍도 않을 것 같던 형이 의외로 순순히 그러자고 하더군요. 밥은 어떻게 해 먹을 거냐고 묻자 군대 갔다 왔으니 다 할 수 있다며 자신감까지 피력했습니다. 이렇듯 사람은 식구끼리도 모르는 면이 한 가지씩은 있는 것 같습니다.

일은 급진전되었습니다. 즉시 여행경비를 모으기 위해 계좌를 트고 한 달 두 달 각자의 집으로부터 송금이 진행되었습니다. 누이들에게는 딸들이, 엄마의 여행을 위해 자신들의 용돈을 털었고 형수님께는 시어머님이 또 경비를 보태 주었습니다. 장기간의 여행 준비를 위해 온라인 커뮤니티까지 만들어 의견을 교환하는 것 같았는데 둘째 누이와 형수님은 자신들은 해외여행이 처음이니 뭐든지 하라는 대로 다 하겠다며 굽신굽신 했다고 집사람이 웃으며 전하더군요.

일사천리로 진행되는 것 같았던 꿈같은 여행 준비를 하면서도 사실 이 아주머니들은 불안했다고 합니다. 언제 형님이 안 된다고 변덕을 부릴까 걱정했던 것이지요. 한 번도 형수님을 멀리 보낸 적이 없었던 터라 그럴지도 모른다 짐작하고 있었던 것입니다. 아니나 다를까! 완전한 반대는 아니었지만 형님이 슬슬 간섭을 해오기 시작했습니다.

자신의 마음에 드는 여행 일정을 제시하며 이리 가는 것이 어떠냐? 저리 가는 것이 어떠냐? 훈수를 두기도 하고 여자들끼리 가는 것이 위험하지 않느냐며 걱정을 하기도 했습니다. 결국 저는 "이왕에 가는 거 자신들의 마음에 드는 여정을 선택하도록 놔두자! 패키지 여행은 위험하지 않다."며 다독여야 했습니다. 사실 형님도 해외여행을 한 번도 가 보지 못했습니다.

여행의 일정은 베트남과 캄보디아를 함께 묶어서 가는 것으로 했습니다. 큰누이가 지하철인가 찜질방인가 어디서 여행에 대한 얘기를 하고 있었더니 지나가던 어떤 아주머니가 자신의 남편을 소개해 주었다고 하네요. 그래서 조금 싸게 계약했다고 합니다. 참 겁도 없는 아주머니들입니다.

모두들 한 집안의 어머니들인 까닭에, 떠나는 그녀들은 집 걱정이 한가득이었습니다. 모든 집에서 곰국 끓이는 냄새가 진동을 했고 아이들에게 밥은 어떻게 짓는 것이고 빨래는 어떻게 해야 하는지를 가르치기에 바빴습니다. 와이셔츠는 일주일분을 다려 놓았고 제 아침밥을 위해서 물만 붓고 끓여 먹으라며 누룽지도 한가득, 끼니 별로 하얀색 비닐봉지에 넣어 두었습니다.

그리고 마침내 그녀들이 떠났습니다. 결혼 20년 만에, 형수님과 누님들은 그보다 훨씬 더 오랜만에 말입니다.

당장 그 다음 날부터 자형들에게서, 형님에게서, 어머님에게서도 전화가 옵니다. 밥은 어떻게 해 먹으며 살고 있느냐고 말이지요. 저에게 묻고는 있지만 사실 이런 상황을 처음 맞아 보는 남자들이 자신들에게 던지는 질문이기도 했습니다. 다 큰 딸과 아들들이 있기는 했지만 평생을 같이하고 있는 옆지기의 부재는 그만큼 큰 것이었습니다.

그렇게 일주일을 버텼습니다. 그야말로 가까스로 버텼습니다. 다려 놓은 와이셔츠를 입었고 다 만들어 놓은 누룽지를 먹는 것임에도

캄보디아 앙코르 와트에서

그 시간이 그렇게 길게 느껴지더군요. 큰아이의 말을 빌자면 “아버지가 한없이 무기력해지더라!”고 하더랍니다.

그리고 마침내 그녀가 돌아왔습니다. “당신 덕분에 무척 재미있고 좋았다!”는 환한 미소와 함께 말이지요.

어떤 이들은 “보내 주려면 친정 식구들하고 보내 줘야지 시댁 식구들하고 가는 것이 편하겠어?"라고 말합니다. 그러나 다 사람 나름이겠지요. 친자매같이 친한 동서 형님과 허물없이 지내는 시누이들이라 별 걱정은 없었습니다. 이번 여행으로 그녀들의 사이는 더 돈독해진 것 같기도 하더군요. 한아름 유쾌한 여행담을 잔뜩 풀어놓는 집사람은 한없이 행복해 보입니다.

그 모습을 바라보고 있자니 저도 덩달아 행복합니다. 다음에 또 보내 주고 싶습니다.

시작이 불온한 이 책,
푹 빠지다

[서평]
〈조선고적도보(朝鮮古跡圖譜)〉

역사를 좋아했던 나는 어려서부터 자료 사진으로 나와 있는 오래된 문화유물의 흑백사진을 보면서 마음껏 상상의 날개를 펼치곤 했다. 예를 들면, 어느 이름 모를 절터에 홀로 남아 있는 다 허물어진 석탑 무더기를 보면서는 원래의 모습은 어땠을지, 복원을 한다면 어떻게 해야 할지 같은 것이었다. 그러면서 한편으로 '이런 사진은 과연 어디서 구했을까?' 하는 궁금증을 품곤 했다.

그런 궁금증을 버리지 않고 계속해서 관심을 갖고 있다 보니 누가 이야기해 주지 않았어도 그 사진들이 과거 일본 제국주의 식민지 시절에 총독부에서 만든 종합 도록이었음을 알게 되었다. 이름하여 〈조선고적도보〉.

1915년에서 1935년 사이에 축차로 발행했다고 하니 한꺼번이 아니고 몇 권씩 차례로 만들었다는 것이다. 총 사진수는 6,633장으로 발행 당시까지 조사된 조선의 고적이 대부분 실려 있다고 했다.

서문에 의하면 1909년 9월부터 한국 정부의 요청으로 세키노(關野貞)가 조선의 옛 건축물 조사를 시행한 것이 그 계기였다고 한다. 그러나 이는 표면적인 이유일 뿐 실제로는 일제의 조선 침략과정의 일환으로 진행된 것이 분명하다. 조선의 문화를 시시콜콜히 조사 연구해 그들의 식민지 경영을 탄탄하게 하기 위함이었고 더불어 곳곳에 산재한 우리의 문화유물을 약탈하기 위함이 아니었을까? 어디에 어떤 유물이 있는지를 알아야 빼앗아 가기도 편할 것이라는 생각에서 말이다.

실제로 그들은 사진을 찍고 난 후 개성 인근에 있던 경천사지 10층 석탑을 해체해 일본으로 가져 가기도 했다. 또 한눈에 보기에도 국보급이 분명한 고려청자 수십 점에는 이미 어느 일본인이 소장하고 있다고 밝히기까지 하고 있다.

그들은 이 조선고적도보를 근거로 〈조선총독부 고적 유물대장〉을 발행했는데 여기에는 총 193점의 유물이 등록되었고 그 중 제1호가 원각사지 10층 석탑이었다. 숭례문과 흥인지문은 아예 등록도 되지 않았다고 한다.

즉, 운반이 가능한 것들을 위주로 조사하고 등록했던 것이며 이는 곧 그들이 문화재 반출을 염두에 두고 있었음을 추측케 한다. 한반도에 철도를 놓고 도로를 닦은 것이 우리 민족의 경제 발전을 위한 것이라는 궤변과 달리 제국주의 일본의 대륙 침략을 위함이었던 것과 같은 이치이다.

고마울 것 하나 없는 식민지 수탈정책으로 진행된 것 뿐이지만 아이러니하게도 우리는 이 책 덕분에 100년 전 우리의 문화재 자료를 생생하게 들여다 볼 수 있다. 불국사나 석굴암 또는 경복궁 등 훼손된 문화재 복원에도 유용하게 쓰이고 있다고 한다.

하나 더 생각해 보아야 할 것은 광개토왕비와 장군총, 태왕릉 등 만주에 있는 고구려 유적을 여기에 싣고 있다는 점이다. 책의 제목이 〈조선고적도보〉이니 이는 당시의 일본 역시 압록강 너머 만주 일대를 조선의 영토로 인식하고 있었다는 반증 아닐까?

조선고적도보

오래전부터 꼭 사고 싶은 책이었다. 그러나 문제는 감당키 어려운 책값! 중고를 알아보았으나 그마저도 비싸기는 마찬가지! 침만 꼴깍꼴깍 삼키며 아쉬움을 달래고 있던 차, 새 책의 3분의 1 가격에 이 물건이 나왔다. 그 역시 작은 금액은 아니었으나 큰맘 먹고 두 눈을 질끈 감은 다음 과감하게 구매 버튼을 눌렀다.

이로써 그토록 꿈에 그리던 〈조선고적도보〉가 내 손에 들어왔다. 이 판본은 민족문화사에서 2005년에 원래 15권이던 것을 7권으로 묶어 새롭게 편찬한 것이다.

애초에 식민지 지배세력이 책을 만든 계기는 불온한 것이었지만, 이를 통해 배우고 얻을 것이 있다면 충분히 활용해 발전의 계기로 삼는 것이 낫지 않을까? 올 여름은 요 녀석 보는 재미에 푹 빠져 버릴 것만 같다.

딸아이를 위한 엄마의
정성이 가득한 책!

[서평]
〈10대와 통하는 문화로 읽는 한국 현대사〉

글로써 모든 것을 표현해야 하는 문학의 종착역은 어디쯤일까? 이에 대해 태백산맥의 작가 조정래는 어느 인터뷰에서 다음과 같은 재미있는 일화를 남긴바 있다.

“나는 아내와 말다툼을 해서 이길 수가 없습니다. 내 직업이 소설 쓰는 것이니 작게는 한 권 많게는 열 권 스무 권 분량으로 내 생각을 표현하는데, 시인인 아내는 그것을 단 몇 줄의 문장으로 압축해 버립니다. 그러니 한 수 아래라는 것이지요!”

정확한 것은 아니지만 대충 저런 정도의 뜻이었던 듯 싶다. 우리 시대의 대작가 마저 문학적으로는 시인인 아내에게 한 수 접고 있다니시와 소설이 각각 그 고유한 영역이 따로 있다 할지라도 나 같은 범인(凡人)은 그저 위대한 소설가의 견해에 고개를 끄덕일 수밖에 없다.

이 말은 함축적으로 글을 쓴다는 것이, 또 그 안에 말하고자 하는 모든 것이 다 들어가도록 표현한다는 것이 얼마나 어려운 것인지를 알려 주는 방증이기도 하다. 거기에 더해 어려운 말 쓰지 않고, 누구나 알아보기 쉽고 재미있게 이해할 수 있는 책이라면 금상첨화일 것이다. 여기 소개하고자 하는 이 책이 바로 그렇다.

〈10대와 통하는 문화로 읽는 한국 현대사〉이다. 제목에서 보이는 것처럼 10대를 위한 책이니 쉽게 썼을 터이다. 그러면서도 한국 현대사의 핵심은 빠뜨리지 않고 담고 있다. 어려운 개념이 아니라 일상에서 만날 수 있는 다양한 주제들 즉, 먹을거리에서 자본을, 대중매체에서 문화를, 금지(禁止)에서 국가를, 선거에서 정치를, 사회에서 교육을 만날 수 있게 하고 있다. 총 10개의 꼭지로 나누어 밀가루와 설탕에서부터 미스코리아, 미니스커트, 건강보험에서 국기와 국가, 메이데이에 이르기까지 궁금했을 법한 여러 주제들의 유래와 현황에 대해 통계를 곁들여 깔끔하게 밝히고 있다. 그러면서도 마치 신문의 짧은 칼럼을 읽는 듯 부담 없는 분량. 그 어렵다는 압축해서 표현하는 내공을 저자는 잘 보여 주고 있다. 글쓰기를 배우는 학생이라면 꼭 보고 배우고 익혔으면 하는 전범 같다고나 할까?

이 책의 저자와 나는 아이들 학교의 학부모로 만나 아주 조금 아는 사이이다. 그래서 그동안 이미 나와 있던 저자의 책들을 찾아본 적이 있는데 두께도 두께려니와 내용도 가볍게 볼 수 있는 것이 아니어서 조금의 동요도 없이 웃으며 책장을 덮었던 적이 있다.

일단 말하고자 하는 개념을 독자들에게 알리기 위한 기나긴 서설에 이어 그를 논증하기 위해 여기저기서 인용한 각종의 통계와 가득한 표. 어떠한 반론에도 견딜 수 있도록 완벽하기 위해 지리할 정도로 긴 설명이 필요한 결론 등등 발표 논문이나 1980년대 해방전후사의 인식을 읽는 것 같았던 저자의 글쓰기가 눈을 비비고 다시 봐야 할 만큼 이렇듯 크게 바뀐 것은, 서문에서 밝힌 그녀의 말대로 조금은 다른 분야에 관심을 보이는 고등학생 딸아이를 위한 부모의 배려일까?

책이 어렵게 나오는 것은 그 나름의 이유가 있을 것이다. 일례로 정확한 학문적 개념을 위해 원어나 한자어 단어를 쓰는 것 등이다. 일정 수준이 되지 않으면 일단 그 용어나 개념에서부터 어지러움을 느끼는 것도 다 이 때문일 것이다. 그럴 때, 똑같은 내용을 쉽게 풀어 쓴 개설서나 입문서 같은 것 또는 그것을 만화 등으로 내놓은 책들이 얼마나 큰 도움이 되는지 느껴 본 사람은 알 것이다. 또 그 분야의 전문가나 학자가 될 생각이 아니라면 이 정도만으로도 우리는 충분히 문화인으로서의 교양을 가질 수 있는 것이다.

그런 뜻에서 문화를 통해 한국 현대사를 쉽게 접하고 싶은 사람이라면 이임하의 이 책, 〈10대와 통하는 문화로 읽는 한국현대사〉를 권한다. 패션에 관심 많은 고3 딸아이와 소통하기 위해 쉽게 쉽게, 이야기하듯 풀어 쓴 엄마의 정성이 가득 담겨 있다. 오탈자 하나 찾아볼 수 없을 만큼 완벽한 교정 역시 칭찬할 만하다.

지붕 없는 역사 박물관,
강화 여행

[서평]
〈강화도의 기억을 걷다〉, 옛사람의 손길과 우리 발길의 만남

〈강화도의 기억을 걷다〉는 강화도에 있는 산마을 고등학교에서 역사를 가르치고 있는 최보길 선생님의 강화도 여행 답사집입니다.

본래 강원도 평창이 고향이라는 최 선생님이 강화에 자리 잡은 지 어언 10년, 고향 떠난 외로움을 섬의 이곳저곳 둘러보는 것으로 달랬을까? 명색이 역사 교사이니 그냥 둘러보는 것만으로 끝내기에는 아쉬움이 남아서였을까? 여기 그 10년 동안의 유랑과 발자취 그리고 지붕 없는 박물관 강화에 대한 사랑을 듬뿍 담아, 깊이 있는 해설서 하나를 세상에 내놓았습니다.

답사는 청동기 시대의 대표 유적인 고인돌부터 시작됩니다. 이곳

에서 고인돌이 무더기로 발견되고 있다는 것은 강화가 그 옛날부터 살기 좋은 땅이었음을 증명하는 셈. 그러나 이는 계급의 분화를 내포하고 있으니 평등했던 원시사회를 지나 지배층을 위해 거대한 고인돌을 만들어야 했던 피지배층 사람들의 희생에도 선생님은 남다른 관심을 기울이고 있습니다.

현재에도 6만 명 정도인 강화의 인구가 13세기 대몽항쟁기를 맞아 고려 무신정권이 강화로 천도했을 당시에는 무려 30만 명에 육박했다고 합니다. 그런데 내륙의 백성들을 나 몰라라 하고 도망 온 그들은, 쫓겨온 곳에서 조차 화려한 생활을 그대로 유지하려 했으니, 강화에 지은 고려 행궁은 개경 고려왕궁의 규모를 그대로 따라 지어 내성 · 외성 · 나성까지 쌓았다고 합니다.

그뿐 아니라 늘어난 인구를 먹여 살리기 위해 농토를 늘리려 대규모 간척 사업까지 벌여 섬의 모습이 크게 바뀌기까지 했다고 하니 이 모든 일들을 감당해야만 했던 강화 사람들의 고생이 과연 어떠했을지 고려의 강도(江都)시대를 말하면서도 최 선생님은 끝내 강화 사람의 시선을 잃지 않으려 애쓰고 있습니다.

수도와 가깝고 염하가 보호해 주는 천혜의 요새였던 강화는 이후 정묘호란과 병자호란 때에도 왕실의 피난지 역할을 해야 했고 근대에는 밀려드는 외세의 침략을 제일 먼저 맨몸으로 맞닥뜨려야 했던 슬픈 역사를 안고 있습니다. 초지진, 덕진진, 광성보 등 강화 5진 7보 53돈대와 병인양요, 신미양요 강화도 조약 등의 역사적 사실이 이를 잘 말해 주고 있습니다. 아니, 그 아픔은 지금도 계속되고 있으니 강화 북쪽에서 북한의 개풍군을 훤히 볼 수 있는 연미정과 평화전망대는 분단의 현실을 말없이 그러나 분명하게 증언하고 있습니다.

쇠락해 가는 명나라와 신흥 강국 청나라 사이에서 실리외교를 통해 나라의 안위를 꾀했던 광해군과 이를 비판하며 광해군을 몰아내고 왕위에 올랐던 인조. 다시는 만날 수 없을 것 같았던 이들. 불과 4년 후 정묘호란으로 피난 온 인조와, 폐위되어 이미 유배되어 있던 광해군이 짧지 않은 시간 동안 강화도라는 같은 공간에 있었다는 사실은 역사의 아이러니를 느끼게도 합니다.

자신들의 이해와는 아무런 관련이 없는, 거듭된 난리와 부역에 지친 신산한 삶이 고달퍼서였을까요? 강화는 여러 종교의 성지가 됩니다. 전등사가 그렇고 팔만대장경의 선원사지, 참성단과 대종교, 성공회 성당, 감리교의 교산교회 등이 그렇습니다. 영국의 성공회가 어떻게 우리나라에 포교를 시작했는지 그것도 강화에서 시작하게 되었는지도 자세하게 소개되어 있습니다.

이외에도 우리나라 최초의 해군사관학교였던 통제영 학당지와 성리학을 극복하려 했던 양명학에 대한 소개와 강화도령 철종, 맹인들을 위한 훈맹정음 등 강화와 관련된 흥미진진한 이야기들이 끝도 없이 구수하게 이어집니다.

책의 말미에는 자신의 일터인 산마을 학교를 소개하고 있는데 특이하게도 이마저도 '답사'라 표현하고 있으니 선생님은 모든 것이 가서 보고 조사해야 하는 답사전문 역사 선생님이 천직인 듯합니다. 최보길 선생님은 오마이뉴스에서 진행하는 '강화 나들길 걷기'의 명해

설사이기도 하면서 제 아이들 둘의 은사이시기도 합니다.

유구한 세월의 살아 있는 역사 박물관, 강화의 속살을 느끼고 싶다면 일독을 권합니다.

중고등학생들에게
노동법 강좌를 허하라!

대한민국에서 반드시 알아야 할
노동법 150

우리나라는 자본주의 체제이다. 사유 재산권을 인정하고 이를 기초로 사회의 모든 기준을 정해 나가고 있다. 자본주의 체제에서 신성불가침의 영역인 재산권, 즉 자본의 한 켠에 노동이 있다. 마르크스도 노동이 잉여가치 즉 자본을 생산한다고 하지 않았던가!

19세기 산업혁명 후 불평등한 자본과 노동자의 관계를 해소시키기 위해, 아니 노동력의 지속 가능한 공급을 위해 계약자유의 원칙에서 한발 물러나, 약자였던 노동자를 보호하기 위한 규범들이 탄생한다. 바로 '노동법'이다. 8시간 노동제나 강제노동 금지 같은 것들이다. 물론 이 모든 것은 노동자 스스로의 지난한 투쟁에 의해 쟁취한 것들이지만 그대로 두었나가는 자본주의 체제가 근본부터 흔들릴 것을 염려한 때문이기도 할 것이다. 그러니 조금만 생각해 보아도 노동법이 자본가들처럼 풍족하고 여유로운 삶을 위한 것이 아니라, 이 정도는 반드시 지켜야 인간다운 생활이 가능하다는 최소한의 규율을 정한 것이라는 것을 쉽게 알 수 있을 것이다.

우리에게도 노동법이라는 단일법전은 아니지만 개별적 노사관계를 규율하는 근로기준법과 집단적 노사관계를 규율하는 '노동조합 및 노동관계 조정법' 등이 있다. 이 책은 그동안 저자들이 노동현장에서 상담을 통해 가장 많이 받았던 질문 150여 개를 뽑아, 한국의 노동자라면 꼭 알아야 할 내용으로 엮어 낸 노동법 해설서이다.

임금과 퇴직금, 근로시간, 휴일, 징계와 해고, 산업재해, 4대 보험, 비정규직, 노동조합과 쟁의행위 등 직장생활을 하면서 궁금했을 법한 내용들이 빠짐없이 소개되어 있다. 노동자와 사용자 어느 한쪽에 치우침 없이 공인노무사의 균형 잡힌 시각을 유지하고 있으니 불온시 할 염려도 없다. 그러니 한국의 노동자라면 한번은 꼭 읽어 봐야 할 필독서인 셈이다.

학업을 마치고 나면 자기 사업을 하지 않는 이상, 사회생활을 하는 모든 사람은 노동자가 된다. 그러므로 노동자인 자신의 삶을 규율하고 있는 노동법에 대해 관심을 기울이는 것은 어쩌면 당연한 의무인 셈이다. 국가 역시 이 사회의 안정과 지속 가능한 발전을 위해 이를 교육하고 감독할 책무가 있다. 그런데 어찌된 셈인지 중고등학교에서부터 노동법을 정규 과목으로 가르친다는 선진 외국과는 달리,

우리나라에서는 스스로 찾아보지 않으면 도무지 알 수 없는 것이 현실이다. 이 때문에 노동자와 사용자 모두에게 노동법에 대한 인식은 여전히 낮은 수준에 머물러 있는 것 같다. 아르바이트를 하는 청소년 노동자들에게 최저임금마저 주지 않으려는 사업주가 끊이지 않는 것이 한 예가 될 것이다.

영화 〈카트〉에는 이처럼 편의점 아르바이트 학생의 최저 임금을 떼먹으려는 악덕 사업주의 모습이 등장하는데 이를 참지 못한 학생이 편의점의 유리창을 부수고 이에 격분한 사업주는 학생을 폭행하는 장면이 나온다. 임금을 둘러싸고 서로 다른 이해관계를 가진 노동자와 사용자 사이에 다툼이 발생한 것인데 둘 사이의 다툼이 이렇게 격해지지 않고도 잘 해결할 수 있는 방법은 없는 것일까?

사용자에게는, 노동법을 지키지 않으면 반드시 처벌받는다는 확실한 홍보를, 시민들에게는 어려서부터, 내 노동에 대한 대가인 임금은 정확하게 받아야 하고 받을 수 있다는 노동법 교육을 해야 한다. 그래서 양자간에 명확한 사회적 합의가 된다면 이런 모습은 없어질 수 있을 것이다. 지키지 않아도 처벌받지 않고 일은 시키되 임금은 떼어먹어도 괜찮다는 현실과 인식이 자꾸 이런 격한 싸움을 불러일으키는 것이다.

그러니 우리나라에서도 학생들이 중고등학교에서부터 자유롭게 노동법을 배울 수 있도록 허(許)하라! 그래서 자신의 권리를 정확하게 주장하고 노동의 대가인 임금에서 손해 보지 않고도 얼마든지 잘 살 수 있다는 확신을 심어 주도록 하지. 이제 정규직도 아니고 중규직(?)으로 인생을 살아가야 할지도 모를 젊은 세대들에게 이 정도는 해줘야 하지 않겠는가 말이다!

소외된 10대의
노동을 찾아서

[서평] 〈10대와 통하는 노동 인권 이야기〉
차남호 선생님이 들려주는 '노동과 세계'

요즘에는 10대들의 노동이 낯설지 않다. 주로 '알바'이기는 해도 그것 역시 엄연한 노동이다. 그럼에도 성인들에 비해 제대로 대접받지 못하고 있는데 이는, 아직 어린 청소년의 노동이라는 이유 때문일 것이다. 그러나 그것은 표면상의 이유일 뿐, 실제 속마음으로는 저임금으로 이를 거저 먹으려는 고용주의 시커먼 이기심 때문인 것 같다. 국가에서 나서서 이를 바로잡으려는 노력을 기울이지 않는 형편이니 10대 스스로 법규정과 내용을 알아보고 자신의 권리를 찾는 수밖에 없는 안타까운 실정이다.

이 책은 민주노총에서 정책국장을 지내며 기관지 〈노동과 세계〉의

편집을 맡기도 했던 차남호 씨가 노동운동 20년의 경험을 바탕으로 바로 이런 10대들의 소외된 노동 인권을 찾아 주기 위한 지침서이다.

제1부에서는 임금노동과 노동자의 탄생에 관한 이야기를, 제2부에서는 노동자의 권리를, 그리고 제3부에서는 본격적인 10대들을 위한 청소년 노동의 권리에 대해 서술하고 있다. 노동자의 권리에 대해 이야기하려니 먼저 '노동'에 대해, 뒤이어 '임금 노동'에 대한 개념을 이야기해야 하는데 모든 논증이 그렇듯 처음에 해야 하는 이 개념 정리라는 것이 쉽지 않다.

거기다 주요 독자층이 이런 걸 배워 본 적 없는 청소년층이라 저자의 고민이 남달랐을 것이란 점 역시 어렵지 않게 느낄 수 있다. 그는 자신의 중학생 딸에게 이야기하듯이 알아 듣기 편하게 설명하려 고심했다고 한다. 그의 노력은 성공했을까?

안타깝지만 그렇지 않은 것 같다. 노동과 임금의 개념을 말하려니 이미 아담 스미스의 국부론과 마르크스의 자본론을 언급하고 있다. 이어 테일러 시스템, 포드주의를 거쳐 자본주의와 신자유주의, 이에 대응하는 사회주의와 공산주의 그리고 이의 극복을 위한 대안 체제까지 숨가쁘게 나열되는 이론의 홍수를 과연 그의 중학생 딸이 제대로 감당할 수 있었을까? 대답은 "아니오!" 쉽게 쓰려 노력했다는 그의 책은 왜 이렇게 어려워야만 했을까?

20여 년을 노동운동으로, 민주노총의 정책을 담당하며 보낸 이에게 한 줄의 문장, 한 개의 낱말마다 얼마나 많은 노동자의 피와 눈물이 섞여 있는지, 또 그 영향력은 얼마나 막대할는지 각별할 수밖에 없었을 것이다. 한 글자도 허투루 쓸 수 없고 한 문장이라도 정확하게 써야만 했을 것이다. 그래서 노동조합이나 시민단체 등에서 일했던 사람들의 책이 이처럼 대부분 경직되어 있다. 아무래도 요즘의 10대들에게는 통할 것 같지 않다.

그렇다면 이를 만화로 만들어 보면 어떨까? 마침 책의 중간중간에 청강문화산업대학교 만화창작과 홍윤표 교수의 삽화도 적지 않게 실려 있으니 이를 한번 제대로 살려 보면 어떨까 싶다. 그렇게라도 해서 노동하는 청소년들이 되도록이면 이 책을 더 많이 읽고 더 많이 느끼고 더 많이 알아서 자신의 노동에 대한 소중한 대가를 부당하게 날려 버리지 않았으면 하는 바람 때문이다.

조금 어렵긴 해도 10대들의 노동을 위한 흔치 않은, 좋은 책이 분명하다.

창문과 함께 열린 **마음의 벽**

숟가락으로
은행 벽을 뚫어

지난 주말, 그러니까 22일과 23일에 있었던 일입니다.

집사람이 활동하고 있는 '참교육학부모회 동북부지회'가 10년 동안의 곁방살이를 끝내고 자기 사무실을 마련해서 이사를 갔습니다. 집사람의 얘기를 빌자면, 10년 동안 모은 돈을 그야말로 톨톨 털어서 거의 이사비용도 남지 않을 지경이었답니다. 새로 얻은 사무실 역시 싼 가격에 얻기는 했으나 그에 따른 부대조건이 딸려 있었습니다. 그것이 무엇인고 하니 창문이 없는 벽을 뚫어서 창을 내 달라는 것이었습니다.

이 아줌마들이 글쎄 아무 생각도 없이 숟가락으로 긁어서라도 벽을 뚫겠다는 모진 각오를 하고 덜컥 계약을 했답니다. 사무실 주인이 웬만하면 자기가 뚫어서 더 좋은 가격에 내놓지, 그걸 계약조건으로 내놓았을 때에는 그만한 사정이 있을 것 아니겠습니까? 그걸 마음에 드는 좋은 사무실을 얻는다는 기쁨에 눈이 뒤집힌 아줌마들이 좋다고 덜컥 계약을 하고는 남편들한테 도움을 청했습니다. 저도 한번 가서 보니 장난이 아니더군요. 왜 에어컨 설치하느라 뚫어 놓았던 조그만 구멍이 있지 않습니까? 그걸 통해 보니 벽 두께가 적게 잡아도 30㎝는 족히 더 되겠더군요. 콘크리트 벽으로 말입니다. 저는 단호히 말했습니다.

"이거 공사할 때 저 못 옵니다. 부르지 마십시오!"

그리고 22일에는 장인어른 생신과 처조카 돌잔치가 있어 인천에 갔습니다. 오랜만에 장인어른과 '찐'하게 한 잔 했지요. 장인어른이 흥이 오르시는가 싶더니 15년쯤 된 인삼주도 내놓으셨습니다. 그래서 잘 놀고 잘 자고 아침까지 잘 먹고 느지막이 집에 왔습니다. 그래도 피곤했지요. 집사람은 바로 쓰러지더군요.

그런데 그때부터 전화벨이 울리기 시작했습니다. 지금 상황이 심각하니 좀 도와 달라는 요청이었습니다. 저는 애초에 말한 바를 지키기로 굳게 결심했습니다. 마음이 아팠지만 그때 봤던 30㎝가 넘는 벽의 두께를 생각하며 곤란하다는 말로 대충 얼버무렸습니다. 제 성격이 원래 얼버무리는 것을 잘 못하는데 그런 걸 따질 만한 상황이 아니었습니다. 집사람은 계속된 전화소리에 잠이 깨 부스스한 몰골 그대로, 다녀오겠다면서 나가더군요. 돈을 전해 주어야 하기 때문이라고 했습니다.

그로부터 30분이나 되었을까. "와서 일하는 시늉이라고 해야 할 상황이니 꼭 오라!"는 집사람의 얘기에 안 간다는 아들들을 꼬시고 달래 차에 태우고 출발했습니다. 가는 길은 또 왜 그렇게 막히는지. 그냥 확 차를 돌려서 다시 집으로 가고 싶은 마음이 굴뚝같았으나 차마 그러지 못하고 갔습니다.

주차장에 차를 세우고 사무실 쪽으로 향하는데 멀리서 흡사 공룡이 걸어가는 소리를 연상시키는 중저음이 낮게 깔려 오고 있었습니다. 그것은 또 몇 킬로 밖에서 쏴대는 대포소리를 연상시키기도 했습니다.

"쿵! 쿵- 쿵-!"

가면서도 "저게 뭔 소리지?" 했는데 소리의 정체가 곧 밝혀졌습니다. 벽을 뚫기 위해 해머로 벽을 두드릴 때 나는 소리였습니다. 말로만 들었는데 와서 보니 상황은 더욱 심각하더군요. 지친 모습의 아저씨 네 분이 계셨는데 한 분은 무리한 작업으로 손바닥이 반이나 찢어져 피를 흘리고 있었습니다. 그러면서도 왼손으로는 망치질을 계속하고 계시더군요. 또 한 분은 깨진 콘크리트 조각에 맞아 머리에 밤톨만 한 혹이 나 있었습니다. 나중에 들은 얘기로는 이까지 부러졌답니다.

그런데 그분은 회원의 남편도 아니고 이웃집 아저씨였다고 하더군요. 나머지 두 분도 거의 기진맥진한 상태라 제가 집사람에게 화를 내거나, 하지 못하겠다고 얘기할 만한 상황이 아니었습니다. 잠시

작업하는 것을 지켜보고 있자니 생뚱한 눈초리로 쳐다보던 분들이 "저도 도우러 왔다!"고 하자 금세 얼굴이 환하게 펴지며 고맙다고 합니다. 바로 햄머를 쥐어 주며 벽을 치라고 합니다. 아까 들었던 공룡이 걸어가는 것 같은 소리를 내던 바로 그 작업이었습니다. 저야 그저 일하는 시늉만 냈지요. 그것도 두 번인가 하고 말았는데 그분들은 아침부터 하루 종일을 했다고 합니다.

절로 고개가 숙여졌습니다. 콘크리트 먼지를 하얗게 뒤집어 쓰고서도 도무지 불가능과 좌절을 모르는 듯 환하게 웃으며 묵묵히 망치질을 계속하고 있는 철의 인간들을 앞에 두고 어떻게 존경의 마음을 품지 않을 수 있겠습니까!

그러기를 얼마나 했을까? 어느새 해는 뉘엿뉘엿 서산에 걸리고 이내 어둠이 찾아왔습니다. 작업을 하면서 부닥치는 여러 어려움들을 하나하나 극복하면서 마침내 창문을 달고 나자 시키는 이 아무도 없어도 모두 박수를 치며 환호하고 자축했습니다. 나중에 들은 얘기로는 그 사무실이 은행이었다고 합니다. 그래서 벽이 그렇게 두껍고 튼튼할 수밖에 없었던 것이고 그걸 순수 아마추어들이 하루 만에 어엿한 창문으로 만들었던 것입니다. 참으로 대단하신 분들입니다. 한 번 더 강조하지만 저는 아무것도 한 거 없습니다. 그냥 옆에서 지켜보기만 했다고 하는 것이 정확한 표현이겠지요.

목에 낀 먼지를 씻어 내야 한다며 뒤풀이로 삼겹살에 소주 한 잔을 먹으면서 서로 수고했다는 덕담을 잊지 않았습니다. 뜬금없이 갑자기 '조강지처'라는 고사성어가 생각나더군요. 어렵고 힘든 고생을 함께 한 마누라는 절대로 비릴 수 없다는 본래의 의미에, 오늘과 같이 서로 고생을 함께 한 동지들은 쉽게 잊히지 않을 것이라는 생각이 오버 랩(overlap)되었다고나 할까요.

어찌됐든 참교육학부모회 동북부지회는 대단한 일을 하나 해냈습니다. 그것은 비단 계약서에 적시된 은행 벽을 뚫어 창문을 냈다는 가시적인 성과뿐만이 아니라, 그 공사를 통해 얻은 남편들의 끈끈한 연대의식입니다. 모름지기 모든 운동은 식구들의 협조가 절대적이지요. 특히 여성운동의 성격이 강한 참교육학부모회의 활동에서 남편들의 지지가 얼마나 큰 힘이 되는지는 당사자들이 더 잘 알 겁니다. 여러분들은 이제 그 힘찬 한걸음을 내디딘 겁니다. 진심으로 축하드립니다.

불가능할 것만 같았던 철옹성을 뚫어 낸 그 용기와 지치지 않는 신념이라면 앞으로 닥칠 어떤 어려움도 능히 이겨 낼 것이라 믿어 의심치 않습니다. 참교육학부모회 동북부지회의 무궁한 발전을 기원합니다.

우리 집
그녀

하늘이 점지해 준
우렁각시

음식물 쓰레기를 처리하고 온 그녀가 말한다.

"누가 음식물 쓰레기통에 생마늘을 왕창 갖다 버렸어! 아까워 죽겠어!"

'안 봐도 비디오'라고 미루어 짐작해 보니 대충 그림이 나온다. 시댁과 그다지 사이가 좋지 않은 며느리, 어느 날 시어머니가 두고 먹으라며 싸 준 반찬거리들을 냉장고에 넣어 두었다가 썩기 시작하니 내다 버린 것이리라.

맞벌이 하느라 그거 다듬어 반찬 해 먹을 시간이 없었을 수도 있고, 해 먹는 것에 부담을 가졌을 수도 있다. 친정엄마가 다 해서 가져다 주는 상황일 수도 있겠다. 그렇더라도 말이다, 안 먹고 버릴 거라면 썩기 전에 어디 다른 사람에게 줄 수도 있었던 것 아닐까? 아무리 사이가 안 좋은 시어머니라도 그거 수확하려고 들였을 노력과 좋은 음식 싸 보낸 정성을 생각하면 차마 버릴 수 있었을까? 그녀의 표현을 그대로 빌자면 "내가 다 주워다 손질해 먹고 싶은" 심정이었다고 한다. 사람 사이의 관계가 틀어지고 허물어지면 이렇듯 모든 것이 비이성적이 되는 것이리라.

언젠가 명절을 맞아 어머님께 가는 차 안에서였다. 거리가 꽤 멀어 시간도 오래 걸리고 한 번 왔다 갔다 하는 데 비용도 좀 드는 여정이다. 문득 생각 나 내가 물었다.

"당신은 명절 증후군 같은 거 없어?"

그녀가 답한다.

"명절 증후군? 그게 뭔데?"

"왜 명절에 시댁에 가려면 어디가 막 아프고 그런 거!"

"글쎄 왜 그럴까? 시댁에 가면 반가운 분들도 만나고 맛있는 것도 많이 얻어 먹고 설거지만 좀 하면 편히 쉬고 놀다가 오는데 왜 가기 싫어하지?"

나는 입을 다물고 말았다. 입가에 은근한 미소를 지으면서 말이다.

그녀라고 왜 명절 증후군이 없을까. 집이 제일 편하다며 친정에도 잘 가지 않는 그녀가 말이다. 시댁에 한 번 가면 며칠씩 화장실도 못 가고 잠도 못 자고 뒤척이는 걸 나는 안다. 그래도 싫은 소리 한 번 하지 않고 늘 웃는 낯으로 "어서 가자!"며 먼저 길을 재촉하는 그녀다. "하루 더 있다 가자!"고 날 잡아 끄는 그녀다.

시댁에 한 번 갔다 오면 늙으신 시어머니와 손위 동서에게 새로운 요리도 익히고, 안 보던 드라마도 배워 와 재미 삼는 그녀이다. 손에 가득 쥐어 준 먹을거리는 밤을 새워서라도 다듬어 끝내 요리를 만들어 내는 그녀이다. 그러니 쓰레기통을 온통 채우고 있는 버려진 마늘을 보는 심정이 어떠했을까.

시어머님을 비롯한 시댁과 잘 지내는 그녀가 예쁘다. 아마도 그녀는, 날 위해 하늘이 보내 주신 천사인 것만 같다.

김미돌 말이다.